婚姻迁移模式与农村女性发展

MARRIAGE MIGRATION PATTERN AND RURAL FEMALE DEVELOPMENT IN CHINA

韦 艳 | 著

人 民 出 版 社

目 录

第一章　绪　论

第一节　研究背景

婚姻迁移模式及其对人类社会的复杂影响受社会科学长期关注，凸显了这一研究领域的重要意义和包含着许多悬而未决的问题。婚姻迁移从地理意义上看是跨地通婚和异地定居，从社会意义上看是家庭资源再配置或阶层流动的重要途径。婚姻迁移受到宏观层面特定的社会性别关系、婚配规则和人口迁移制度的支配，同时附加了涉及地理维度（地域迁移）、制度维度（户籍性质改变）和社会维度（同类婚配或异质婚配）的多个变量的干预，错综交集地影响着个体层面的婚姻家庭、社会经济地位和发展机会。

婚姻迁移是人口迁移的重要组成部分，它是一种与自然性别关系和社会性别关系直接相关的社会流动。女性作为婚姻迁移的主要群体及其态势和成因逐渐受到国内外学者的普遍关注。婚姻迁移是女性占绝对优势的省际迁移流动，女性婚姻迁移者占据全部省际婚姻迁移人数的90%左右。[①] 由于中国“从夫居”这种传统婚嫁文化，在改革开放的影响下和人口流动日益频繁，女性婚姻迁移的人数和距离也大幅度增加。根据第四次和第五次全国人口普查的调查数据，在女性迁移和流动人口的动机中，务工经商和婚姻迁移的比重一直超过其他迁移原因。[②] 从宏观上讲，华东和华北省份是主要的婚姻迁入区，而西南省份则是主要的净迁出区。[③] 无论从婚姻迁移问题的复杂性来看，还是从女性婚姻迁移者所占绝对及相对数量来看，从女性研究的角度来深入分析中国婚姻迁移都是十分有意义的。

婚姻迁移与农村女性发展的关系是多维度、多层面的结构性关联，婚姻迁移对于农村女性来说是实现社会流动的主要渠道，农村女性的发展是与其进行婚姻迁移的模式有着密不可分的关系。已有研究主要集中在女性婚姻迁移的态势特征，对于婚姻迁移的影响研究近年来逐渐从对区域的影响转向对女性个人的影响。已有相关研究的主要发现：

1. 农村女性婚姻迁移态势和特征。对于身处农村地区的女性来说，在教育和职业机会都不如男性的前提下，婚姻往往被其当作一条获得更好的经济保障和生活机会的途径，[④] 农村女性成为婚姻迁移的主体。由于户籍制度的限制和中国“男高女低”的婚

---

① 丁金宏：《中国人口省际迁移的原因别流场特征探析》，《人口研究》，1994年第1期。

② 谭琳、柯临清：《目前中国女性婚姻迁移的态势和特点》，《南方人口》，1998年第2期。

③ 丁金宏：《中国人口省际迁移的原因别流场特征探析》，《人口研究》，1994年第1期。

④ Fan C., Huang Y.: Waves of Rural Brides: Female Marriage Migration in China, Annals of the Association of American Geographers, 1998 (2) .

姻梯度婚配模式，导致农村女性成为婚姻迁移的主体。婚姻迁移的主流是从较贫穷的农村地区迁到富裕的农村地区。婚姻是农村女性获取社会纵向流动的主要方式。① 在改革开放以前，由于户籍制度的限制，人口的流动很少，通婚多发生在县的范围以内，随着市场经济体制的逐步建立和不断完善，在中国，省内和省际的女性婚姻迁移是中国农村人口迁移的主要方面。② 且随着我国城镇化进程的加快以及户籍制度的松动，农村女性婚姻迁移的规模仍继续保持快速增长的趋势，且跨省婚姻迁移女性的比例增长较快。③ 女性婚姻迁移的主要方向是乡乡迁移，即从西部较贫困的农村地区迁入东部较为富裕的农村区。④ 即使有些农村女性成功嫁入城市，也是属于城乡结合部的脊环地带。⑤ 结合农村女性婚姻迁移的发展趋势发现，与近几十年我国经济发展的轨迹和城镇化进程的步调相一致，农村女性的婚姻迁移模式正在加速向经济发展地区发展。⑥

2. 农村女性的婚姻迁移对区域发展的影响。女性婚姻迁移的

---

① Fan C., Huang Y.: Waves of Rural Brides: Female Marriage Migration in China, Annals of the Association of American Geographers, 1998（2）.

② 新山：《婚嫁格局变动与乡村发展——以康村通婚圈为例》，《人口学刊》，2000 年第 1 期。

③ 胡莹、李树茁：《中国当代女性跨省婚姻迁移模式变迁研究》，《妇女研究论》，2015 年第 1 期。

④ 丁金宏：《中国人口省际迁移的原因别流场特征探析》，《人口研究》，1994 年第 1 期。

⑤ 丁金宏、朱庭生、朱冰玲、樊华、孙小铭、林克武：《论城市两地户口婚姻的增长、特征及其社会政策寓意：以上海市为例》，《人口研究》，1995 年第 5 期。

⑥ 王桂新、潘泽翰、陆燕秋：《中国省际人口迁移区域模式变化及影响因素——基于 2000 年和 2010 年人口普查资料的分析》，《中国人口科学》，2012 年第 5 期。

积极影响包括：对流出地来说，远距离通婚有利于改变落后地区的封闭状态并加速其人口流动，有利于当地经济的发展，[①]对流入地来说，缓解了当地的男性婚姻挤压，为当地带来劳动力，从而有利于当地的经济发展。然而农村女性婚姻迁移的基本方向是"春水东流"，它是一种远非对等的单向流，而且人口迁移的性别选择扩大了而非缩小了中国性别构成的地域差异，对区域间的婚姻市场的性别比分布起到了加剧的作用。[②]女性人口的单向流动会造成流出地区的人口性别比失调，加重西南等经济落后地区的婚姻挤压现象。[③]

3. 农村女性婚姻迁移对个体发展的影响。婚姻迁移的女性的物质生活水平从总体上看远嫁异地比待在老家的要幸福。但是这些外地媳妇在经济参与、社会地位和社会融合方面都存在一定的障碍。[④]外来婚姻迁入女性在社区中的地位相对较低，但她们在家庭中的地位并不低，基本上能获得与丈夫平等的权力。[⑤]地区差异会使异地远嫁的农村女性未来生活面临更多的挑战和不确定性，诸多由此引发的因素都有可能影响她们的生活质量。

已有的关于农村女性婚姻迁移模式的研究主要集中在宏观方面，从单一维度进行简单的描述和分析，少量对于婚姻迁移女

---

① 程广帅、万能：《农村女性婚姻迁移人口的成因及影响》，《西北人口》，2004 年第 4 期。

② Ebenstein A.Y., Sharygin E.J.: The Consequences of the "Missing Girls" of China, World Bank Economic Review, 2009（3）.

③ 田华：《西南农村妇女——东迁婚配态势探析》，《南方人口》，1991 年第 1 期。

④ 谭琳、苏珊、萧特、刘惠：《"双重外来者"的生活——女性婚姻移民的生活经历分析》，《社会学研究》，2003 年第 2 期。

⑤ 谭琳、李新建、黄博文、陈明淑、孙淑敏：《女性婚姻迁入对其自身发展影响的研究——关于江苏张家港市的调查报告》，《妇女研究论丛》，1998 年第 4 期。

性的发展研究也仅是依赖个别地区的典型调查，并且已有研究仅仅是基于单一维度的某个变量而作出的单一层面的、小尺度的分析。而对于婚姻迁移的后果，多数研究主要基于少数城市地区（尤其是发达城市）的农村外来媳妇的典型调查，且多集中在她们在迁入地的经济、文化和生活方面的融合度，分析显示其融合度较低，① 婚姻迁移女性的物质生活总体上要比迁移前有所改善。但是地区差异会使农村迁移女性未来生活面临更多的不确定性，她们的社会地位较低且存在身心健康问题，人际交往存在困难，受到本地人的歧视和缺乏正常的倾诉渠道，有强烈的孤独感。② 虽然有学者对广东高州县的乡乡婚姻迁移的女性进行了调查，但是他们仅是研究了婚姻迁移过程和婚姻匹配的特点，认为传统的条件匹配和交易性仍然主导着中国的婚姻决策过程。③ 农村女性仅有少数能嫁入城市，婚姻迁移的主流是乡乡迁移，然而目前很少有研究基于迁移的视角从迁入地和迁出地来比较婚姻迁移经历对农村女性生活的影响，同时也缺乏不同婚迁女性之间差异的比较研究。然而目前对于多维度来考察农村女性婚姻模式变化及其对个人层面女性发展的影响还少有研究。

虽然女性婚姻迁移问题已经逐渐受到学术界和政府的重视，但相关研究特别是针对包括婚姻迁移模式及其对农村女性发展的研究还处于起步阶段，整体上还存在研究视角、对象和方法单

---

① 丁金宏、朱庭生、朱冰玲、樊华、孙小铭、林克武：《论城市两地户口婚姻的增长、特征及其社会政策寓意：以上海市为例》，《人口研究》，1995年第5期。

② 谭琳、柯临清：《目前中国女性婚姻迁移的态势和特点》，《南方人口》，1998年第2期。

③ 李玲、C. Cindy Fan、蒋海红：《人口高密度较发达农业区的经济发展与人口迁移：以广东省高州市为例》，《热带地理》，2000年第3期。

一、政策分析欠缺等不足。本书将在前期研究的基础上，以农村婚姻迁移女性为研究对象，较为全面地分析在婚姻迁移模式的历史变动，以及迁入地的农村女性脆弱性及其发展的态势、后果及其影响因素，并探讨与迁入地的本地女性及留守迁出地农村女性的发展差异，进而在微观层次上寻找中国经济社会转型背景下，同时存在于城市与农村社会的农村女性良性发展的途径，提出提高作为弱势群体的婚迁农村女性的生活福利与社会融合的政策建议。因此，对于婚姻迁移背景下同时存在于乡村与城市之间的农村女性发展研究，对于提高人口流动背景下农村女性这一弱势群体的生活福利、维护社会公共安全、推动户籍制度改革、促进中国人口社会的可持续发展具有重要的现实意义；同时，有利于丰富婚姻理论和社会融合理论的应用，并为促进婚姻迁移的农村女性发展的政策和制度创新提供依据。

第二节　核心概念界定

一、迁移与婚姻迁移

人口迁移和人口流动是人口变动的重要特征之一。目前针对人口变动中关于迁移和流动的概念区分较为模糊，因此对人口迁移和人口流动的理解和使用众说纷纭，并产生了多种术语，例如永久性迁移、暂时性迁移、户口迁移、非户口迁移、流动人口、暂住人口等等。而我国法定的人口迁移仅仅是指带户口的人口迁移，在户籍管理制度下通常具有计划性、方向性、目的性和永久性；而人口流动则具有自发性、无方向性、盲目性和居住地临时性等特点；[①]从广义上看，人口迁移是人口流动的一个方面，即迁移是一种行为，是指人口由一个常住地往另一个常住地的移动，大多表现为户籍迁移；流动则更像是一种社会现象，是指人口在一定空间、时间范围内居无定所的移动，且流动人口不能改变户籍登记地。本书中采用迁移的概念，更加符合农村女性因为婚姻而发生移动的内涵与机制，这种因为婚姻而发生的移动结果便是永久性地居住在另一个地区，且常常伴随有户籍的移动。在本书中，为方便区分，同时采用了流动概念，如人口流动、社会流动、阶层流动等来表示移动的社会现象。

婚姻迁移被定义为迁到配偶所在地，通常发生在刚结婚或婚后不久，被认为是为了组建家庭而进行的一种特殊的迁移形式。[②]空间边界如何确定，目前尚未有统一标准。由于户籍限制，农村通婚圈的范围在改革之前很小，一般情况下为跨村、乡镇通婚，跨县、市的并不多，跨省通婚的更是基本没有。[③]改革开放后的空间调整拉大了地区间的差异，激起了农村女性追求跨越空间的长距离婚姻。[④]宏观方面的众多研究都是以省级作为迁移的标准，但是中国每个省的内部差异依然巨大，结合已有的研究分类和中国农村通婚范围的实际情况，本书将农村婚姻迁移的范围限定在县级以上。与丈夫户籍相比，本县及以内通婚的农村女性

---

① 马本昌：《人口迁移与流动概念及其调查指标设置探讨》，《人口与计划生育》，1998 年第 6 期。

② Lievens J.: Family-Forming Migration from Turkey and Morocco to Belgium: The Demand for Marriage Partners from the Countries of Origin. International Migration Review, 1999（3）.

③ 风笑天：《农村外出打工青年的婚姻与家庭：一个值得重视的研究领域》，《人口研究》，2006 年第 1 期。

④ 王跃生：《当代中国家庭结构变动分析》，《中国社会科学》，2006 年第 1 期。

视为并未发生婚姻迁移，本书称为本地已婚女性；县级以上通婚的农村女性视为发生了婚姻迁移，本书称为婚姻迁移女性。本书是分析农村女性的婚姻迁移模式及其发展，因此，在本书中，农村女性则是指所有已婚女性的代表，不仅包括婚姻迁移女性，同时还包括没有发生迁移的本地已婚女性。

二、迁移模式

农村女性的婚姻迁移模式同时附加了涉及地理维度（地域迁移）、制度维度（户籍性质改变）和社会维度（同类婚配或异质婚配）多个变量的干预，错综交集地影响着个体层面的婚姻家庭、社会经济地位和发展机会。

由于中国户籍制度限制，城乡婚姻市场分离，制度维度的迁移仅涉及很少部分，主流还是乡乡迁移。

1. 迁移模式的空间维度：通婚圈

空间维度的婚姻迁移模式主要是指通婚圈，通婚圈主要用于描述择偶规律和择偶结构，表示社会个体成员婚配对象或选择配偶的范围。[①] 已有研究大多从“社会”和“地理”这两个维度进行定义，“社会距离”是指从社会阶层、种族、宗教等方面限定婚配对象的范围，又称为“等级通婚圈”，[②] 主要反映了社会阶层化的程度；“地理距离”更多的是反映一个家族、地区甚至是国家与其他区域之间的社会交往的密切程度，又称为“地理通婚圈”，主要指婚配对象来源的空间范围。通婚圈与通婚距离关系

---

① 陆益龙：《户籍制度改革与城乡关系的协调发展》，《学海》，2001 年第 6 期。

② 陆益龙：《户籍制度改革与城乡关系的协调发展》，《学海》，2001 年第 6 期。

密切，通婚圈主要是衡量社会群体（如一个家族、社区或者地区的成员）的择偶范围，而通婚距离通常指实际生活中某一个婚姻单元中配偶双方的空间距离，[①] 通婚圈的变化往往意味着人们的择偶空间的变化，现有研究中多数采用通婚圈反映婚姻市场中的择偶规律与择偶结构，而在实地调研中，学者往往是通过每一对配偶之间的通婚距离测量通婚圈的大小，因此，本书提到的通婚圈主要是指婚配对象之间的通婚距离，即地理通婚圈。

基于已有的通婚圈研究和本书前文对于婚姻迁移概念的界定，本书认为空间维度的迁移模式，应该分为本县内、本省内和外省三个空间层面。

2. 迁移模式的社会维度：婚姻匹配

社会维度的婚姻迁移模式主要是指婚姻匹配，即指人们在择偶时遵循从相同或相似的阶层群体内挑选配偶这一婚匹模式。[②] 婚姻既是一种静态的匹配结构，也是一种动态的生活过程，静态的婚姻匹配结构作为动态婚姻生活的载体和基础，支撑着夫妻婚后生活的运行，不同类型的婚姻指标匹配将对夫妻的婚姻生活产生不同的影响。在中国过去的婚姻选择过程中，男女双方基本都是“父母之命，媒妁之言”，强调“门当户对”的择偶观念，但随着社会的不断发展和进步，更多关注的是学历、职业、收入、住房、容貌、身材等方面；进一步，由于市场机制运作中的利益获取和财富拥有已经不再依赖于政治面貌、家庭出身等外在条件，而更多地与学历、职业、能力等个人素质条件相联系。在西方，Becker 认为对于理性男女结婚从婚姻中得到最大利益，

① 周皓、李丁：《中国不同省份通婚圈概况及其历史变化——将人口学引入通婚圈的研究》，《开放时代》，2009 年第 7 期。

② 张翼：《中国阶层内婚制的延续》，《中国人口科学》，2003 年第 4 期。

同类人的婚配是最优的；[①]Goode 也认为人们倾向于选择与自己同类的或条件相当的异性为伴侣；[②] 李煜和陆新超通过文化程度、职业地位、初婚户口和经济收入等几个方面来研究初婚夫妻双方个人的自主性匹配，并研究发现同类婚程度上升、夫妻双方般配程度增强的趋势。[③] 已有对婚姻匹配的研究结论相似性较高，即同类婚和“男高女低”的婚配模式仍是中国历史上的主流婚配模式，且男女双方的匹配程度趋于增强，有利于提高婚姻质量。

基于已有研究和农村婚姻迁移女性的特征，本书考察的婚姻匹配主要包括教育、职业和收入等方面的匹配模式，并考察不同的社会维度的婚姻匹配对农村婚迁女性的发展产生影响。

3. 迁移模式的制度维度：户籍匹配

户籍制度交集了地域空间、身份地位、社会资源获取等多种婚姻影响要素。从 20 世纪 50 年代起，户籍制度一直是决定人们生活机会的重要制度，它影响到人们生活的各个方面包括就业、教育、婚姻以及参军等，但是户口状态转变尤其是乡城的户籍转变非常难。[④] 中国国情下，户口类型对婚姻和社会流动的作用特别值得重视。首先，由于农业户口和非农业户口捆绑着不同的发展机会和福利，附带着权利和价值的户口类型本身就是社会经济

① Becker G. S.: A Theory of Marriage: Part1, Journal of Political Economy, 1973（4）.

② Goode W. J.: The Family（2nd Edition.）, Prentice--Hall, 1982.

③ 李煜、陆新超：《择偶配对的同质性与变迁——自致性与先赋性的匹配》，《青年研究》，2008 年第 6 期。

④ Wu X. G., TreimanD.J.: Inquality and Equality under Chinese Socialism: The Hukou System and Inter-generational Occupational Mobility. American Journal of Sociology, 2007（113）.

地位的一个明显标志，户口辖地管理也造成资源配置和利益分配的地域结构性差别。其次，户口类型改变受到国家和地方政策的控制，并不随着工作地和居住地的改变自动改变，从福利低的地区到福利高的地区落户受到更加严格的控制。[①] 再次，城乡二元与城乡户籍迁移限制导致城乡通婚困难，形成城乡相对隔离的“内婚制”，农村女性的婚姻市场被局限于社会经济发展相对落后的农村。[②] 有研究通过户籍匹配程度发现，户口类型越高，同类婚强度越强，异质婚更多发生在低户口类型。而且 20 世纪 90 年代以来，随着女性教育的快速发展，不同户口类型的异质性婚配中女性上迁婚姻的现象总体呈下降趋势。[③] 这意味着，农村女性在多大程度上能够克服“同类婚”的桎梏，需要认识户口类型的影响。

基于已有文献的梳理，本书对于农村女性制度维度的迁移主要考察女性与丈夫的户籍匹配，以及户籍转换会对婚姻流动产生的影响。

三、女性发展

中国政府十分重视妇女的发展和进步，把男女平等作为促进中国社会发展的一项基本国策。“女性发展”是 20 世纪末 21 世纪初在中国妇女研究领域出现的新概念。在人类社会的发展过程

① 陆益龙：《户籍制度改革与城乡关系的协调发展》，《学海》，2001 年第 6 期。

② 齐亚强、牛建林：《新中国成立以来中国婚姻匹配模式的变迁》，《社会学研究》，2012 年第 1 期。

③ 齐亚强、牛建林：《新中国成立以来中国婚姻匹配模式的变迁》，《社会学研究》，2012 年第 1 期。

中，由于受传统父权文化的影响，以及男尊女卑思想的约束，女性发展问题长期处于边缘化的状态。[①]

20 世纪 80 年代，随着中国社会转型时期女性问题的日益突出和西方女权主义思潮的传入，一些过去很少受到关注的女性发展议题受到了中国政府、非政府组织和社会公众越来越多的重视，并已经成为中国构建社会主义和谐社会的重要内容。国内对女性发展问题的大多数集中于探讨男女性不平等的根源，女性解放的标志和女性解放的途径研究方面，[②] 同时也有很多研究更多地集中于现实层面的触及，关注的问题主要有：女性的政治参与状况、女性的就业状况、女性的受教育状况、婚姻家庭、女性健康问题、女性发展与改革开放的关系问题、女性与环境问题、女性发展与构建和谐社会的关系等等。[③] 这些研究从社会转型时期女性发展中热点问题的现状、问题出现的原因、对策及出路等维度进行探讨和争论。

早期的农村女性研究集中在婚姻家庭领域，主要关注的焦点是买卖婚姻、女性外流和拐卖妇女等社会问题。[④] 改革开放以来，农村女性研究主要关注农村女性的非农转移问题、农业女性化问题、女性与农村发展等问题。

由于女性发展内涵丰富，不同学科的研究往往从不同的角度、不同的立场予以定义。基于已有的文献和本书对农村婚姻迁移女性的界定，本书将农村女性的发展理解为多层面和多维度指

① 谭琳：《中国性别平等与妇女发展报告》，社会科学文献出版社 2006 年版。

② 中国特色社会主义妇女理论与实践课题组：《积极探索中国特色社会主义妇女理论与实践》，《中国妇女报》，2013 年。

③ 彭希哲、刘宇辉：《生态足迹与区域生态适度人口——以西部 12 省市为例》，《人口与发展》，2004 年第 4 期。

④ 谭琳：《中国性别平等与妇女发展报告》，社会科学文献出版社 2006 年版。

标，农村女性发展包括经济状况、健康状况、心理福利、社会融合和婚育行为以及夫妻权力等方面。

第三节 研究数据与方法

本书采用的数据来自两个层面的数据：一是全国层面数据，包括人口普查数据和专项调查数据。利用第五次和第六次全国人口普查数据，利用夫妻个人和家庭信息、户籍地和迁入地的基本信息、迁移原因、迁移时间等信息，采用统计匹配和链接方法，力图综合和全面地分析农村女性婚迁的空间维度、制度维度以及社会维度的婚迁模式的态势和特征；同时还有全国性的专项调查数据，本书利用了中国综合社会调查数据（CGSS2006）（这是迄今为止包含夫妻初婚时信息最为全面的数据，之后的调查没有涉及初婚时个人和家庭匹配的信息），通过比较分析户籍身份的转变，来研究婚姻匹配模式下农村女性的社会流动。二是专项调查数据，来自西安财经学院人口与发展研究所于2014年1—2月组织的全国九省“婚姻迁移与农村女性发展”的专项调查。此次调查分为问卷调查和质性访谈两部分。问卷调查包括个人问卷和村级问卷。村级问卷主要包括村基本信息、经济、生活环境、婚姻状况、已婚妇女情况和村干部信息六部分信息；个人问卷主要包括已婚女性的基本信息、经济和健康、婚姻和家庭、社会支持与融合和个人态度五部分信息。质性访谈包括对农村已婚女性和村干部的个人访问，由调查员对调查对象进行访谈，并在访谈期间录音和事后整理访谈文字等资料。调查共回收了9个省、241个村级问卷、2186份个人问卷和107份质性访谈。

该调查采用多阶段方便抽样方法。首先，按照全国省份进行初级单位抽样。根据第六次全国人口普查和婚姻迁移特征及其活跃程度（我们根据第六次全国人口普查数据计算农村女性婚姻迁移率，然后计算迁入率与迁出率差值，差值大于1的为迁入地，差值介于–1和1之间的为均衡地，差值小于–1的为迁出地），共抽取了9个省作为初级抽样单位。其中将广东省、辽宁省和江苏省归为婚姻迁入地，河北省和山东省归为婚姻均衡地，河南省、陕西省、四川省和云南省归为婚姻迁出地；其次，采用方便抽样方法从初级单位中抽取二级单位。我们在9个省中均选择一所高校，每所高校在本校招募自愿参加并有高度责任心的户籍为当地的农村大学生，课题组根据报名者的户籍所在地，尽可能选择均匀覆盖于全省范围的学生30名左右。每名调查员负责调查所在村的婚迁女性、本地已婚女性和村干部，婚迁女性和本地已婚女性问卷数量基本保持相等。本次调查全国9个省共招募了273名问卷调查员和65名质性访谈人员。个人问卷调查对象选取20—59岁的农村已婚女性，且不同年龄段和婚迁距离的女性均有涉及。

本次抽样方法虽然没有政府部门或相关学术机构进行的大型全国抽样调查或普查那样系统科学，但由于目前关于婚迁女性的发展问题还没有引起相关部门的足够重视，尚未有针对婚姻迁移女性群体的全国性调查或普查数据资料可以利用。我们基于农村婚姻迁移率采用的分层抽样涵盖了9个省份，样本省份基本上代表了全国农村婚姻迁移女性的迁移现状。通过与第六次全国人口普查数据对比（见表1—1），此次调查对于全国婚姻迁移女性具有较好的代表性。

表 1—1 9 省千户调查与全国普查数据对比

		9 省调查				全国普查			
		总体	迁入地	均衡地	迁出地	总体	迁入地	均衡地	迁出地
流动距离（%）	本省	32.4	28.7	31.3	42.1	32.5	32.9	22.5	32.8
	省际	29.4	34.9	24.7	20.0	26.5	33.3	16.8	11.7
夫妻年龄差（岁）		2.65	2.55	2.99	2.77	2.12	2.25	1.07	2.19
教育程度（%）	小学及以下	30.7	24.6	29.2	45.5	28.5	26.8	21.5	38.6
	初中及以上	69.3	75.4	70.8	54.5	71.5	73.2	78.5	61.4
职业（%）	农业	29.1	23.3	39.6	34.7	39.6	27.8	40.6	50.3
	非农	70.9	76.7	60.4	65.3	60.4	72.2	59.4	49.7
初婚年龄（岁）		22.7	22.5	21.8	21.5	23.5	24.1	23.5	23.1

数据来源：2014 年“婚姻迁移与农村女性发展”专项调查和第六次全国人口普查的数据。

此次调查共回收 9 个省的有效个人问卷 2186 份，有效村级问卷 241 份，质性访谈 107 份。问卷输入中手误率为 4.4%，逻辑错误已修改率为 8.9%。数据虽然存在一定的误差，但在可以接受的范围内，数据质量较高。

在具体研究中，本书将采取社会学、人口学、统计学、社会网络分析以及公共政策分析相结合的研究方法，以定量研究为主，辅之以定性研究。

社会学研究方法中的社会调查方法，如问卷调查、小组访谈与个人深度访谈，既保障了统计分析所需要的随机调查数据，也补充了抽样调查数据中无法涵盖的质性信息。

统计学的研究方法，主要有常规统计分析方法和一些高级统计分析方法。常规统计方法包括：交叉表法，高级统计分析方法有对数可积层面效应模型、逻辑斯蒂（LOGISTIC）回归、分层线性（HLM）回归，等等。其中，交叉表法主要用来分析农村婚姻迁移女性的人口学特征、生活福利现状、社会支持特征的不同婚姻迁移状态的差异；对数可积层面效应主要用于宏观层面婚姻匹配的测度；逻辑斯蒂回归和分层线性回归主要用于微观层面个人和家庭层面发展的各个维度影响因素分析。

采用公共政策分析方法，分析目前农村婚姻迁移女性的相关政策中存在的问题，为促进农村婚姻迁移女性的发展，维护家庭和谐和社会稳定，促进社会可持续发展进行公共政策创新。

第四节　研究内容和框架

本书的研究目标是建立婚姻迁移模式与农村女性发展之间的关系，通过不同婚姻状态下的农村女性发展的各个维度的现状和影响因素对比，分析婚姻迁移变量对农村女性发展的影响。婚姻迁移模式将聚焦婚姻迁移所涉及的空间维度、制度维度、社会维度等多个维度的多变量的不同组合；而农村女性发展则关注不同婚姻迁移模式下，已经实现婚姻迁移女性的经济、健康状况、社会融合、婚育行为和夫妻权力等是否会发生根本性的改变，以期寻求促进农村婚姻迁移女性发展的途径。主要内容包括：

第一，农村女性婚姻迁移模式的特征和发展趋势。本书将利用最近几次人口普查数据和抽样调查数据，从空间维度、制度维度和社会维度来综合考察女性婚姻迁移的模式。空间维度的考察基于县内、省内和省际迁移的动态变动态势和特征；制度维度的分析是基于户籍变化的农村女性乡—乡、乡—城迁移的态势特征；社会维度研究是基于夫妻个人和家庭社会经济的匹配程度来考察同类婚或异质婚的变动态势和特征。

第二，农村婚姻迁移女性的发展现状，涉及女性发展直接相关的五个维度，它们是：

(1) 农村婚姻迁移女性的经济现状及影响因素，通过与婚姻迁移女性密切相关的三个维度：个人经济状况、就业情况和打工时长三个方面，比较不同婚姻迁移状况下农村女性的经济状况差异。

(2) 农村婚姻迁移女性的健康现状及影响因素。从生理健康和心理福利两个维度考量，通过比较不同婚姻迁移状况的农村女性的生理健康现状与差异。

(3) 农村婚姻迁移女性的社会融合及影响因素。从社会支持网、心理融合和行为融合三个方面来测量农村婚姻迁移女性的社会融合现状及分析影响因素。

(4) 农村婚姻迁移女性的婚姻行为及影响因素。从初婚年龄、初育年龄、曾生子女数三个方面来分析比较不同婚姻迁移状态下农村女性的婚姻行为现状与差异。

(5) 农村婚姻迁移女性的夫妻权力及影响因素。从家庭的日常决策和投资决策权两方面来测度夫妻权力并考察经济维度匹配对夫妻权力的影响。

第三，探索改善农村婚姻迁移女性发展路径，为加强农村婚姻迁移女性社会融合、家庭幸福及促进社会经济可持续发展提供政策建议。

本书研究框架如图 1—1 所示。

第一，作为研究背景，分析了目前农村婚姻迁移女性的研究现状，指出本书的意义。在此基础上，提出研究目标、研究思路和研究框架。

第二，评述国内外对于农村婚姻迁移女性的相关研究。包括

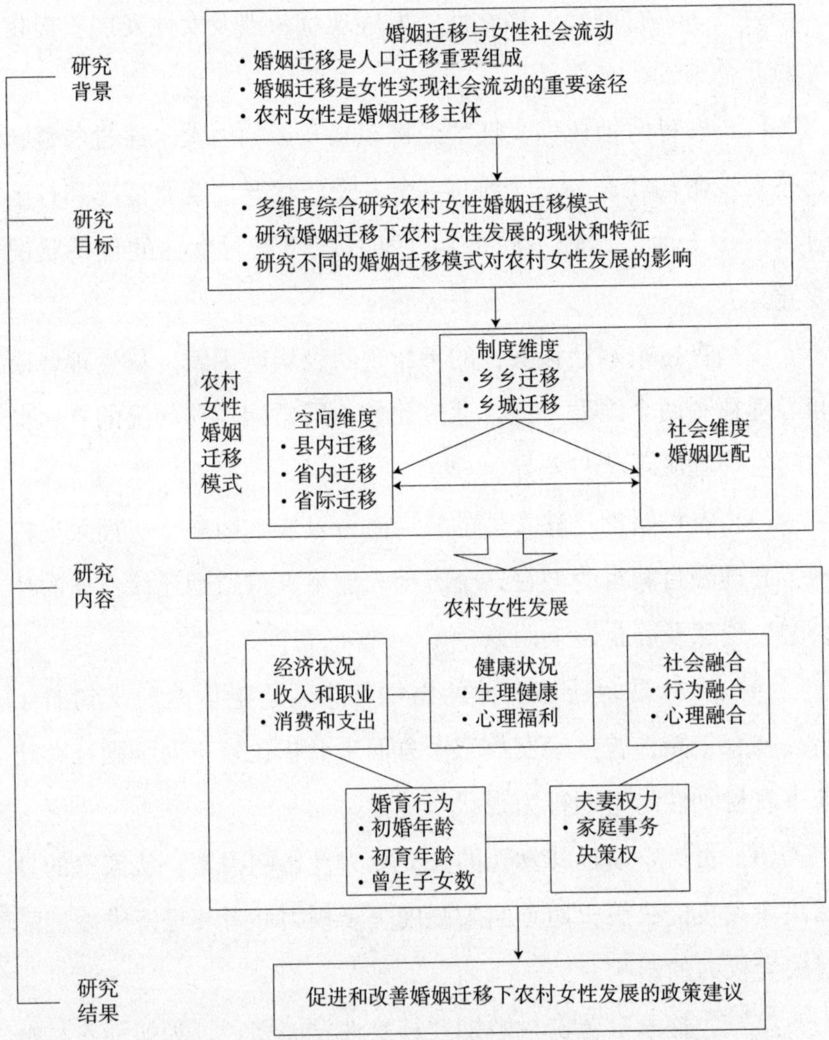

图 1—1 本书研究框架图

一般迁移群体的经济状况相关研究综述、健康状况的相关研究综述、社会融合的相关研究综述、婚育行为和夫妻权力的相关研究综述，以及关于婚姻迁移模式对女性发展的相关研究综述，并对目前研究存在的问题进行分析，指出本书研究的意义。

第三，对中国农村婚姻迁移女性的宏观态势和特征进行测度。通过利用最近两次全国人口普查数据，刻画出农村婚姻迁移女性的婚姻迁移的水平、态势和特征。

第四，对不同婚姻迁移模式下的女性发展的现状和影响因素进行分析。主要从经济状况、健康状况福利、心理福利、社会融合、婚育行为和夫妻权力六个方面进行分析，比较不同婚姻迁移状态下的农村女性发展的现状与差异。

第五，结合前述研究结果，在相关政策分析的基础上，提出促进农村婚姻迁移女性的发展，加快这一特殊群体的社会融合、维持社会稳定和推动社会可持续发展的政策建议，并指出今后进一步的研究方向。

第二章　国内外文献回顾

第一节　农村婚姻迁移模式研究

一、空间婚姻迁移模式研究

空间婚姻迁移模式主要是指通婚圈的研究。通婚圈是伴随着婚姻关系的缔结而形成的社会圈，即婚姻的选择空间地理范围，指的是某一婚姻个体在择偶时可能选择的地域或群体范围。目前关于通婚圈的研究主要涉及通婚圈的发展变化及态势、变化的原因和通婚圈的社会意义三个方面。社会学视角下的通婚圈研究主要是关注通婚圈的变迁，即社会结构和制度的变迁带来的婚姻家庭结构的变迁，作为反映通婚距离的通婚圈也会发生变迁。[①] 已有对农村通婚圈研究的三种观点：通婚圈变化不大，缩小和内卷化，呈扩大趋势。由于农村社区特有的生产和生活

① 唐利平：《人类学和社会学视野下的通婚圈研究》，《开放时代》，2005 年第 2 期。

方式以及文化传统的影响，农村青年的通婚圈限于一定的地域范围内，跨县、跨省以及城乡之间的通婚十分少见。① 随着社会流动的加剧和现代化进程的推进，许多研究集中于流动和迁移对通婚圈扩大的影响。有学者利用访谈数据发现，外出务工扩大交往范围，促进通婚圈扩大化。② 然而即使流动或是打工经历，农村男性也很难与市民结婚。③ 一些研究对于沿海发达地区农村和中部平原的调查发现，在许多农村地区的通婚圈却出现内卷化和缩小化迹象。④ 在较富裕的村庄内，同村婚嫁比例在增高。大村和富村的女孩不外嫁是导致通婚圈狭小的重要原因。⑤ 已有的对于通婚圈的研究得出不同的结论，主要是调查时间不同，调查点选择不同和调查的角度不同，所以得出的结论也有差异。⑥

依据婚姻的社会交换理论，通婚圈的大小（即通婚距离的远近）代表着婚姻交往和社会交换的不同，在一定程度上会影响男女双方的结合，还会影响婚配双方在新家庭中的适应与融合，甚至影响到家庭关系和结构的扩展与维持。然而已有研究多关注通

---

① 风笑天：《农村外出打工青年的婚姻与家庭：一个值得重视的研究领域》，《人口研究》，2006 年第 1 期。

② 仰和芝、刘小干、谢贵春、叶国平、张颢：《农村未婚女性外出打工与通婚地域圈变化关系的实证研究——以安徽 C 村未婚打工女性为例》，《安徽农业科学》，2006 年第 16 期。

③ 满永：《关系圈与婚姻圈：当代乡土中国的婚姻形成》，《洛阳师范学院学报》，2005 年第 1 期。

④ 新山：《婚嫁格局变动与乡村发展——以康村通婚圈为例》，《人口学刊》，2000 年第 1 期。

⑤ 陈荣武、曹锦清：《女性性资本化现象的社会转型逻辑——以女性性出卖为例》，《华东理工大学学报》（社会科学版），2012 年第 2 期。

⑥ 唐利平：《人类学和社会学视野下的通婚圈研究》，《开放时代》，2005 年第 2 期。

婚圈的发展变化态势、变化的原因及对社会的影响，如人类学及社会学的研究则过多强调通婚圈对于社区、村落等社会单位的影响，而忽视了通婚距离对个人及婚姻家庭的影响。纵观已有研究，通婚圈则作为因变量出现在社会学及人口学领域，但通婚圈的意义应该不止于此，不应忽视其对婚姻个体及婚姻家庭适应与发展的影响，通婚距离的远近直接影响迁移女性与娘家的联系与支持及婆家父母的养老，也影响到迁移女性的社会支持与融合，因此，本书将通婚圈作为重要变量，考察迁移模式在空间范围上对农村女性发展的影响。

二、社会迁移模式研究

社会迁移模式主要是婚姻匹配的研究。婚姻匹配主要指人们在择偶时遵循从相同或相似的阶层群体内挑选配偶这一婚匹模式，[①] 直接影响婚姻个体和婚姻家庭的生活质量与发展，在一定程度上可以衡量社会开放度。[②] 早期的婚姻匹配研究多从种族、年龄、宗教、教育、职业、父亲职业等方面着手，[③] 主要集中于研究影响婚姻匹配的各种因素、婚姻匹配的模式变迁与现状以及社会意义。西方学界对婚姻匹配研究较早，并从社会阶层与婚姻当事人角度，将婚姻匹配分为“先赋性匹配”和“自致性匹配”

① 张翼：《中国阶层内婚制的延续》，《中国人口科学》，2003 年第 4 期。

② Ultee W.C., Luijkx R.: Educational heterogamy and father-to-son occupational-mobility in 23 industrial nations: General societal openness or compensatorystrat-egies of reproduction?. European Sociological Review, 1990（2）.

③ Hunt T.C.: Occupational Status and Marriage Selection. American Sociological Review, 1940（4）.

两大类型，[1] 为国内研究婚姻匹配提供了参考与借鉴。中国传统的婚姻选择比较强调“门当户对”，更多地表现为夫妻双方家庭经济地位是否类似，即先赋性婚姻匹配；随着现代化的开放，婚姻选择的自主性提高，“门当户对”的决定性作用逐渐削弱，[2] 婚姻自主性提高，婚姻双方多关注的是教育、职业、收入等自致性因素，[3] 且教育匹配下的同类婚模式表现最强，但职业匹配下的同类婚模式相对较弱。[4]

婚姻是男女双方选择和匹配的过程，不同类型的婚姻匹配直接影响夫妻的婚姻生活与家庭稳定。国内已有的研究多数是关于婚姻匹配的观念、婚姻匹配结构及相关内容进行探讨，或是验证同类匹配的婚配模式的存在，[5] 或是描述分析婚姻匹配的现状与变迁趋势，并未深入分析社会流动背景下农村婚姻迁移女性的婚姻匹配特点以及不同的婚姻匹配给农村女性个人和婚姻生活所带来的长期纵深影响，因此，本书将基于社会迁移模式，考察婚姻匹配对农村女性发展的影响机制，为促进农村女性发展的政策提供理论依据。

---

① Kalmijn M.: Status Homogamy in the United States. American Journal of Sociology, 1991（2）.

② 徐安琪：《择偶标准：五十年变迁及其原因分析》，《社会学研究》，2000 年第 6 期。

③ 徐安琪：《择偶标准：五十年变迁及其原因分析》，《社会学研究》，2000 年第 6 期。

④ Kalmijn M. Status Homogamy in the United States. American Journal of Sociology, 1991, 97（2）:496-523.

⑤ 李煜、徐安琪：《择偶模式和性别偏好研究——西方理论和本土经验资料的解释》，《青年研究》，2007 年第 10 期。

三、制度迁移模式研究

制度迁移模式对于农村婚姻迁移女性主要是指与婚姻相关的户籍流动研究。从20世纪50年代起，中国户籍制度造成城乡长期二元分割的状态，它是中国社会与地域阶层分化最重要的根基，影响到人们生活的各个方面包括就业、教育、婚姻以及参军等。虽然中国户籍制度有不断微调改革，但农村人口户籍类型转变（20世纪90年代末之前称为“农转非”，之后被一系列“准入条件”取代）非常困难。国家和地方政府制定了严格的资格限制，主要是那些富人、教育程度高的人、城市居民的家庭成员和土地被征用的本地农业人口等通常的类别，每年农转非的配额被中央政府控制在非农业人口的0.15%到0.2%之间。① 虽然中国正在经历快速的城镇化而且中国户籍制度在不断地进行改革，农村户籍人口仍然占很大比重。一些实证研究也证明，教育程度高、参军和党员身份才更可能实现户籍类型的转变，农业户籍的男性比女性更具有优势。②

在分化加剧的不平等社会，婚姻关系是弱势群体社会流动机制的一部分。在教育和职业机会都不如男性的前提下，婚姻成为农村女性获得“农转非”的主要途径。③ 随着户籍政策的不断修订，虽然并未在实质上改变城乡人口差别，但也使得城市和农村人口相互渗透，为城乡通婚提供了必要条件。户籍制度交集了地域空

① Chan K.W., Buckingham W: Is China Abolishing the Hukou System? China Quarterly, 2008（195）.

② Wu X.G., TreimanD.J.: The Household Registration System and Social Stratification in China, 1955-1996. Demography, 2004（2）.

③ Fan C., Huang Y.: Waves of Rural Brides: Female Marriage Migration in China, Annals of the Association of American Geographers, 1998（2）.

间、身份地位、社会资源获取等多种婚姻影响要素，拥有城市户口的男性强势的地位使得他们一般不愿意考虑农村新娘，没有城市户口的农村女性在城市婚姻市场中处于最底层。①即使有少数农村女性嫁入城市，她们的丈夫一般是年龄大、贫穷和残疾，②户籍上的优越性弥补了个人特性的劣势。这种婚姻结合多属于"弱弱结合"，城市户口成为婚姻市场上不错的可以交换的砝码。

由于户籍制度的限制和中国"男高女低"的婚姻梯度婚配模式，导致农村女性成为婚姻迁移的主体。婚姻迁移的主流是从较贫穷的农村地区到富裕的农村地区。婚姻是农村女性获取社会纵向流动的主要方式。③迁移方向主要是从西部较贫困的农村地区迁入东部较为富裕的农村。④即使有些女性成功嫁入城市，也是属于城乡结合部的脊环地带。⑤

农村女性婚姻迁移受城乡二元户籍制度影响，婚姻流动主要集中在乡乡流动，即使有少部分流动到城市，也是难以融入社会。⑥

---

① Davin D., Christiansen F., Junzuo Z.: Gender and migration in China, Village Inc Chinese Rural Society in the 1990s, 1998.

② Min H., Eades J. S.: Brides, Bachelors and Brokers: The Marriage Market in Rural Anhui in an Era of Economic Reform. Modern Asian Studies, 1995（4）.

③ Fan C., Huang Y.: Waves of Rural Brides: Female Marriage Migration in China, Annals of the Association of American Geographers, 1998（2）.

④ 谭琳、李新建、黄博文、陈明淑、孙淑敏：《女性婚姻迁入对其自身发展影响的研究——关于江苏张家港市的调查报告》，《妇女研究论丛》，1998年第4期。

⑤ 丁金宏、朱庭生、朱冰玲、樊华、孙小铭、林克武：《论城市两地户口婚姻的增长、特征及其社会政策寓意：以上海市为例》，《人口研究》，1995年第5期。

⑥ 丁金宏、朱庭生、朱冰玲、樊华、孙小铭、林克武：《论城市两地户口婚姻的增长、特征及其社会政策寓意：以上海市为例》，《人口研究》，1995年第5期。

已有对于户籍制度影响农村女性婚姻迁移的观点多为宏观判断和逻辑推断，缺乏系统的定量分析和评估。户籍制度对农村女性婚迁影响到底有多大、户籍在婚姻市场上的价值有多高、户籍身份的转换对农村女性的发展有何影响等都值得进一步研究，本书将力图弥补已有研究的不足。

第二节　移民群体的发展研究

一、移民群体的经济发展研究

移民群体中经济发展的优劣经常用收入来直接体现。根据婚姻梯度理论，女性在择偶时首先会考虑男性所在地的经济发展状况，选择收入高的地方作为生活居住地，也就是上迁婚机制；[①] 但是美国经济学家 Richard 和 Easterlin 提出的“幸福悖论”表明居民幸福水平并未随着经济的增长而不断增长，财富的多少与幸福程度没有直接的关联性，人们的幸福感受其他人收入及收入预期的影响；[②] 丁仁船和吴瑞君在研究婚姻匹配对子女经济福利的影响中指出同类婚是独生子女婚姻匹配的主要形式，在这种同类婚的大前提下，女性的经济福利受到相当大的影响。[③]

一般移民群体的经济发展研究大多是以个体特征为重要变量

---

① 钱铭怡、王易平、章晓云、朱松：《十五年来中国女性择偶标准的变化》，《北京大学学报》（哲学社会科学版），2003 年第 5 期。

② Richard A., Esterlin. : Does Economic Growth Improve the Human Lot? Some Empirical Evidence. Nations and Households in Economic Growth, 1974:89-125.

③ 丁仁船、吴瑞君：《我国城镇独生子女婚姻匹配状况研究》，《人口与发展》，2011 年第 17 期。

来研究经济发展。杨小凯和黄有光提出的分工专业化思想可以为破解农村移民的收入问题提供新的思路与视野。[①] 农村移民的经济发展问题的本质在于农村移民的收入问题，而要增加移民的收入途径是要提高农村移民的分工专业化水平。国际上对一般移民群体经济发展方面的研究由来已久，Meng 等研究中国农村乡镇企业工人和农民工的工资性别差异，认为工资性别差异主要分为职业内工资性别差异和职业间工资性别差异，同时职业内性别歧视比职业间性别歧视更为严重。[②] 王震认为在工资分布的中低端农民工的工资性别差异表现为"天花板效应"，在工资分布的最高端，农民工工资性别差异呈现"地板效应"[③]。李实和杨修娜研究发现，女性农民工的平均工资、小时工资都低于男性农民工，2/3 以上的差异是由歧视以及其他不可观测因素造成的。[④]

移民女性一直是社会广泛关注的群体，农村女性因婚姻迁移后，在迁入地的就业、家中的经济地位、村里的融合等方面的情况是反映农村女性婚姻迁移者婚后质量的重要内容。而婚姻迁移女性的自身经济发展也是一个不可忽视的重要方面，为本书提供了较大的研究空间。李博和王鹏翩在研究四川省农村居民经济收入的影响因素分析时将影响因素分为外部环境和自身发展两个大的方面，提出要提高农村居民的经济福利，最主要的途径是改善居民所居住地的地区发展，从

---

① 杨小凯、黄有光：《专业化与经济组织》，经济科学出版社 1999 年版。

② Meng X., Miller P. : Occupational segregation and its impact on gender wage discrimination in China's rural industrial sector. Oxford Economic Papers, 1995 (1) .

③ 王震：《新农村建设的收入再分配效应》，《经济研究》，2010 年第 6 期。

④ 李实、杨修娜：《农民工工资的性别差异及其影响因素》，《经济社会体制比较》，2010 年第 5 期。

而整体上改善居民的经济情况。[①] 谭琳等在对女性婚姻迁入对其自身发展影响的研究中指出：不仅要加大对农村居民的建设，而且要大力发展农村教育事业，提高农村居民的文化程度，同时建立婚姻迁移管理系统，加强婚姻迁移的系统管理，这样才能有效地提高婚姻迁移女性自身的经济实力。[②] 而影响女性居民经济收入的另一个重大原因就是歧视女性，一些公司在招工时连本地女性都不愿意招收，而那些外来婚姻迁移女性更不会得到很多公司的接受，而在工作不稳定的情况下，必然会影响女性的收入状况，从而导致其在经济发展方面显出弱势[③]。

对于婚姻迁移女性群体的经济发展研究大多都是对婚姻迁移女性经济发展作出定性的解释，或者作出简单的回归进行描述性分析，且分析过于简单和片面，并未深入分析社会变迁背景下农村地区婚姻匹配的特点和变化特征，缺乏对不同的婚姻匹配给农村婚姻迁移女性所带来的长期纵深影响的研究分析。本书结合诸多已有研究的影响因素，以迁移模式为切入点，引入社区因素深入分析了农村婚姻迁移女性经济发展的影响。

① 李博、王鹏翮：《四川省农村居民经济收入的影响因素分析》，《湖南工业职业技术学院学报》，2010 年第 3 期。

② 谭琳、李新建、黄博文、陈明淑、孙淑敏：《女性婚姻迁入对其自身发展影响的研究——关于江苏张家港市的调查报告》，《妇女研究论丛》，1998 年第 4 期。

③ 谭琳、李新建、黄博文、陈明淑、孙淑敏：《女性婚姻迁入对其自身发展影响的研究——关于江苏张家港市的调查报告》，《妇女研究论丛》，1998 年第 4 期。

二、移民群体的健康状况研究

伴随着移民的发展，移民群体的健康状况越来越受到关注，移民群体在进入一个新的生活区域后，必然面临着心理健康、生理健康、婚姻行为等诸多问题。而健康有助于获取更多的就业机会，是其他人力资本的载体。[①] 关于移民群体的研究多集中在人力资本的正规教育和在职培训，移民群体健康福利的研究经常被弱化甚至忽略，随着20世纪90年代中后期衡量健康福利的统计和测度方法逐渐改进，健康福利才逐渐成为更多学者们研究的新方向。健康是人类基本需求之一，身体健康和精神健康共同构成了个人行动的前提和参与社会生活的条件。主要有两种手段——市场和政府来维护社会成员健康福利。[②] 市场机制配置资源的局限性成为政府干预的理由，各国政府都在不同程度上为社会成员提供健康福利，及时了解移民群体健康福利及其需求状况，是政府关注民生的重要体现，移民群体在进入一个新的社会生活之后，相当部分的群体福利会受到不同程度的丧失，尤其是健康福利。

移民群体普遍存在着“移民健康效应”(Healthy Immigration Effect, HIE)，即新移民的健康状况好于当地居民的健康状况，但这种健康优势又是会随着时间而减小。[③] 移民群体健康福利的研

---

① Mushkin S J. Health as an Investment[J]. Journal of Political Economy, 1962, 70 (5) .

② 王爱华、闫琳琳、陈彬：《居民健康福利状况调查——以L省S市为例》，《特区经济》，2013年第3期。

③ Gee G. C., Payne-Sturges D.C.: Environmental health disparities: a framework integrating psychosocial and environmental concepts, Environmental Health Perspectives, 2004 (17) .

究多集中在其健康自评、所患疾病和健康投资水平上。牛建林认为迁移对移民群体的健康状况产生损耗效应，使不同健康状况的群体重新分布，这在一定程度上加剧了迁入地的卫生资源配置和需求之间的矛盾；① 王建伟等研究了三峡移民的健康福利和医疗卫生服务，认为与迁移前相比，尽管移民群体的医疗卫生服务和医疗保障情况有了较大改善，但移民群体的健康状况下降；② 秦敬柱等探讨了山东省三峡移民的健康状况及其影响因素，结果显示移民群体两周患病率和慢性病患病率均达到30%以上，显著高于当地居民，并指出移民群体的年龄、职业、生活适应程度和个人收入满意度是影响移民群体健康福利的主要因素；③ 苑会娜研究了进城农民工的健康与收入之间的关系，发现流动后1/4移民群体的健康状况可能发生恶化，移民群体的健康与收入形成了循环作用机制，初始健康状况越好，经济收入越高；④ 江彬等对湖南省水库移民健康问题进行了研究，结果表明移民群体多得结石病、高血压和冠心病及糖尿病等常见病，这与其生活环境及政府的政策实施有关。⑤

一般移民群体的健康福利研究多集中在非自愿移民层面，如工程移民群体的健康福利方面，是政府为了国家整体利益，运用

---

① 牛建林：《人口流动对中国城乡居民健康差异的影响》，《中国社会科学》，2013年第2期。

② 王建伟、郭继志、姜良美：《三峡移民健康状况及医疗卫生服务可及性调查》，《中国公共卫生》，2009年第4期。

③ 秦敬柱、袁长海、刘保锋：《山东省三峡移民健康状况及影响因素分析》，《中国公共卫生》，2010年第9期。

④ 苑会娜：《农村已婚女性的流动与留守》，《人口与经济》，2009年第3期。

⑤ 江彬、左停、陆继霞：《湖南省水库移民健康问题及对策建议——基于新化县的田野调查》，《安徽农业科学》，2012年第6期。

强制力让人们从一个地方搬迁到另一个地方，大型水利工程等导致的非自愿移民为带菌者及病灶传播提供有利的环境，迁移群体比不迁移群体遭受更多的压力和心理上的疾病。本书从自愿移民的角度出发，对移民群体的健康福利，如健康自评、所患疾病以及健康投资状况进行分析，以期对自愿移民群体的健康福利有所帮助和改善。

婚姻迁移女性在物质方面总体会比迁移前有所改善，但是地区差异会使农村婚姻迁移女性未来生活面临更多的不确定性，她们的社会地位较低且存在身心健康问题，人际交往存在困难，受到本地人的歧视，缺乏正常的倾诉渠道，有强烈的孤独感；[①]与本地已婚女性相比，婚姻迁移女性的生活福利并没有呈现出明显的弱势性，在一些维度反而呈现较好的优越性，尤其是在经济、社会支持和家庭关系福利方面。[②]当前，健康状况已经成为移民群体的最大威胁，伴随人口疾病结构转变和人口老龄化进程加速，由健康状况带来的社会负担和经济负担正在快速增长。[③]2010 年第六次全国人口普查的统计结果显示，中国流动人口总数为 2.21 亿，占全国总人口的 16.53%，[④]比 2005 年调查结果增加了 50%，其中女性流动人口达到 8213 万。[⑤]如何加强

---

① 赵丽丽：《中国女性婚姻移民研究的回顾与反思》，《同济大学学报》（社会科学版），2007 年第 4 期。

② 韦艳、吴莉莉、张艳平：《农村婚姻迁移女性生活福利研究》，《青年研究》，2014 年第 6 期。

③ 邢海燕：《农民工健康状况及其卫生政策研究》，《浙江大学》，2008 年博士学位论文。

④ 段成荣、邹湘江：《城镇人口过半的挑战与应对》，《人口研究》，2012 年第 2 期。

⑤ 李树茁、任义科、费尔德曼、杨绪松：《中国农民工的整体社会网络特征分析》，《中国人口科学》，2006 年第 3 期。

对流动人口的管理，解决人口因流动而产生的各种问题，成为关系到经济发展、政治稳定和社会和谐的大问题。中国人口形势目前面临着前所未有的复杂局面，如低生育水平的现实风险，出生人口性别比居高不下，出生缺陷发生率以及性病、艾滋病等发病率都呈现上升趋势。其中移民群体中的女性健康问题需要特别关注，她们正面临着高危性与生殖健康风险。研究表明，移民群体中女性未婚先孕、婚外孕等的发生率，非意愿妊娠流产率、性病和艾滋病等患病率逐年上升。① 因此，关注女性健康变得不可或缺，与此同时，随着社会更多研究者对移民群体的逐渐关注和研究，对移民群体女性的健康福利研究也就显得必不可少。

目前，流动人口中年轻女性高危行为增多，主要包括每日吸烟、大量饮酒、自杀意图和自杀尝试，因此导致了流动女性对生活满意度降低，抑郁度增加。② 此外，中国移民群体中女性面临着高危性与生殖健康风险，同时，移民群体在迁入地享受的健康服务内容有限，健康管理体制不完善。③ 刘越等对流动女性的心理健康状况分析认为，流动女性心理健康水平低于成年正常女性，同时未婚、无小孩和年轻的流动女性心理健康水平偏低；④ 毛京沭和尹勤研究了江苏省流动女性避孕现状和生殖健康现状，

① 郑真真：《中国育龄妇女的生育意愿研究》，《中国人口科学》，2004 年第 5 期。

② 林丹华、范兴华、潘瑾：《环境和个体因素与青少年饮酒行为的关系》，《心理发展与教育》，2010 年第 3 期。

③ 王德文、蔡昉、张国庆：《农村迁移劳动力就业与工资决定：教育与培训的重要性》，《经济学》（季刊），2008 年第 4 期。

④ 刘越、林朝政、黄惠娟：《流动妇女心理健康状况分析》，《人口学刊》，2010 年第 3 期。

认为流动女性未充分享受计划生育和生殖健康服务的合法权益，同时27.3%的流动女性查出患有妇科病，迁入地应该定期开展免费妇科检查，加强对流动女性生殖健康的教育和干预，增强计划生育和生殖健康服务；[①] 王献蜜和刘梦对北京市流动女性生育健康状况进行调查发现，流动女性群体保健意识、保健知识和保健行为有待提高，性健康知识缺少，78.3%的调查对象患有妇科炎症，应该依据不同年龄、不同文化程度的女性需求，为她们提供适宜的、可接受的生育健康教育。[②]

大多数学者对流动人口和移民群体中女性健康状况（生殖状况和妇科疾病等方面）进行了研究，但对婚姻迁移女性健康状况的研究较少，而且从心理健康和生理健康两方面进行全面研究的更少，为本书的研究留下了一定的研究空间。本书将从婚姻迁移女性的健康着手，从心理健康和生理健康两方面，力求通过研究健康自评、妇科疾病、抑郁度等方面了解婚姻迁移女性的健康状况。

三、移民群体的社会融合研究

移民群体的社会融合是移民研究的重要内容，国内的移民研究多以经济移民为研究对象，主要是农民工在城市社会的融合研究。中国二元体制造成了大规模的农民工流动，而由于户籍制度的限制，农民工在城市生活中的社会关系、心理、文化及政治参

① 毛京沭、尹勤：《江苏省流动妇女性病艾滋病认知现状调查》，《中国公共卫生》，2009年第7期。

② 王献蜜、刘梦：《北京市流动妇女生育健康状况及其影响因素》，《中华女子学院学报》，2014年第6期。

与被隔绝，导致农民工逐渐被边缘化，① 农民工的社会融合问题开始受到国内学者的关注，② 对农民工社会融合的研究也逐渐成了中国构建和谐社会过程中无法避免的问题。社会融合这一概念源自法国实证主义社会学家 Durkhein 的“自杀论”，后来多被用于移民研究中，目前还没有明确的定义。③ 许多学者将社会融合定义为“个体在某个群体中的参与程度和认同程度及与群体成员之间的相互依赖程度，即不同个体或群体与某个群体的内聚性”④。有学者进一步将社会融合定义为“个体与个体之间、不同群体之间或不同文化之间的相互配合、适应的过程，最终目标是构筑和谐社会”⑤。国际移民研究对社会融合各维度的划分比较清晰，为国内研究农民工社会融合提供了借鉴，但农民工是一个特殊的群体，与国际移民相比，没有种族、肤色、宗教信仰等障碍，因此，中国农民工的社会融合主要是适应城市的生活方式，是“农民”到“市民”的身份转化，⑥ 因此，在借鉴国外学者的社会融合分类基础上，国内学者考虑到中国农民工的特殊性，多将社会融合分为经济融合、文化融合、行为融合及心理融合。

国内学者结合中国实际情况提出了多种理论：比较有代表

---

① 何汇江：《城市贫困群体的社会分裂与融合》，《人文杂志》，2004 年第 3 期。

② 钱文荣、张忠明：《农民工在城市社会的融合度问题》，《浙江大学学报》（人文社会科学版），2006 年第 4 期。

③ Durkhein. E: Sucide, University of California Press, 1951.

④ Rowinska-Schwarzweller A., Schwarzweller C. A.: Test for the Stability of Networks. Formalized Mathematics, 2013（1）.

⑤ 任远、邬民乐：《城市流动人口的社会融合：文献述评》，《人口研究》，2006 年第 87 期。

⑥ 悦中山、李树茁、费尔德曼：《农民工社会融合的概念建构与实证分析》，《当代经济科学》，2012 年第 1 期。

性的有“新二元关系说”[①]“城市适应说”[②]“融入说”[③]和“融合递进说”[④]。其中“融合递进说”主要研究流动人口社会融合各维度之间的相互关系，为本书的研究提供了理论支持。大多学者都认为文化融合是移民首先要经历的，文化和社会经济融合的完成有助于心理融合的实现，心理融合是最高层次的社会融合，意味着社会融合的完成。[⑤]虽然已有研究提出各个维度之间可能存在相互影响和递进关系，但是已有研究对于各个融合维度之间的相关实证研究还比较欠缺，为本书提供了较大的研究空间。

20世纪60年代以前，国际移民的主体多以男性为主，女性则是以家属的身份伴随男性移动，常被视为“随迁者”，即她们的迁移主要依赖男性才能完成。随着全球化的发展，经济的开放，“随迁”女性的身份发生变化，女性个体的自主性大大提升，不再只是被动的迁移。国际移民女性化的现象越来越明显，女性移民的社会融合问题逐渐引起国内外学者的关注。[⑥]

婚姻迁移在一定程度上可以促进地区文化交流，对人口婚配

① 马西恒、童星：《敦睦他者：城市新移民的社会融合之路——对上海市Y社区的个案考察》，2008年第2期。

② 田凯：《关于农民工的城市适应性的调查分析与思考》，《社会科学研究》，1995年第5期。

③ 杨菊华：《从隔离、选择融入到融合：流动人口社会融入问题的理论思考》，《人口研究》，2009年第1期。

④ 张文宏、雷开春：《城市新移民社会融合的结构、现状与影响因素分析》，《社会学研究》，2008年第5期。

⑤ 悦中山、李树茁、靳小怡、费尔德曼：《从“先赋”到“后致”：农民工的社会网络与社会融合》，《社会》，2011年第6期。

⑥ 王宏仁、张书铭：《商品化的跨国婚姻市场：以台越婚姻中介业为例》，《台湾社会学》，2003年第6期。

动态平衡也具有积极作用,[①] 但由于与迁入地的社会背景有差异,女性婚姻移民在迁入地的社区参与、人际交往和社会支持等各方面可能会面临一定的困难,不利于她们在迁入地的社会融合。[②] 国际上大多研究将跨国婚姻称为“商品化婚姻”,是婚姻中介追逐利润的一种经济行为。[③] 由于女性婚姻移民在迁入地社会常常会面临压力、孤立无援、难以适应等困境,容易有忧郁和自杀的倾向,因此,对跨国婚姻移民的研究多集中在生活状况和社会适应方面,理论研究比较丰富,为国内婚姻移民的研究提供了理论借鉴。

国内对于婚姻移民社会融合进行量化的研究还十分少见,少数研究仅仅是针对基于城市局部地区调查的农村婚姻迁移女性,定性或是简单描述性分析讨论她们在当地的融合度较低。[④] 虽然针对婚姻迁移女性社会融合的研究比较少见,但也取得了初步的成果。谭琳等认为作为“移民”和“媳妇”的“双重外来者”,婚姻迁移女性在社区参与、就业、人际交往、居住、经济生活等方面都处于一种不利地位;[⑤] 邓智平分析了婚后随男方回乡的打工妹在新的乡村社区适应过程中所面临的一些

---

① Bossen L.: Village to Distant Village: the opportunities and risks of long-distance marriage migration in rural China, Journal of Contemporary China, 2007（50）.

② Locke, C., ZhangH.X.: Missing links between migration and reproduction in Vietnam and China. Develop Working Paper School of International Development University of East Anglia. 2010（7）.

③ 王宏仁、张书铭:《商品化的跨国婚姻市场:以台越婚姻中介业为例》,《台湾社会学》,2003年第6期。

④ 谭琳、柯临清:《目前中国女性婚姻迁移的态势和特点》,《南方人口》,1998年第2期。

⑤ 谭琳、苏珊、萧特、刘惠:《“双重外来者”的生活——女性婚姻移民的生活经历分析》,《社会学研究》,2003年第2期。

问题；[①] 赵丽丽以上海外来媳妇为研究对象从经济适应、社会适应、心理适应方面对其进行了分析，提出了女性婚姻移民城市社会适应的 4 种模式；[②] 邓晓梅从主观感知、经济层面、社会关系、文化适应方面分析了农村婚姻移民的社会适应。[③] 但这些研究只是停留在对社会融合现状的描述，对其影响因素并没有进行深入研究。

四、移民群体的婚育行为研究

移民群体中的婚姻、避孕和生育体现了生育的全过程。婚姻是生育过程的起点，是人类社会用以规定两性关系的手段和个人生于社会中获得一定地位的手段，婚姻与生育的关系重于两性关系，在婚姻的契约中同时缔结了两种相连的社会关系，即夫妇和亲子关系，这两种关系不能分别独立，夫妇关系以亲子关系为前提，亲子关系以夫妇关系为必要条件，婚姻的意义就在于建立这种社会结构中的基本三角。[④]

一般群体的婚姻观念和行为，首先，主要受到结婚年代的社会特征的影响，如现代部分工作机会的增多、经济发展和现代婚育文化的传播都会推迟初婚年龄；[⑤] 其次，教育水平、个人收入

---

① 邓智平：《关于打工妹婚姻逆迁移的调查》，《南方人口》，2004 年第 19 期。

② 赵丽丽：《城市女性婚姻移民的社会适应及其影响因素研究——对上海市“外来媳妇”的调查》，《上海交通大学学报》，2008 年第 3 期。

③ 邓晓梅：《农村婚姻移民的社会适应及性别差异初探——来自吴江的实证研究》，《西北人口》，2011 年第 1 期。

④ 费孝通：《乡土中国生育制度》，北京大学出版社 1998 年版。

⑤ Rogers R. D., Monsell S. D.: Costs of a predictable switch between simplecognitive tasks. Journal of Experiential Psychology: General,1995（2）.

和家庭收入、职业等也是影响初婚年龄的重要因素；[①] 最后个人的家庭情况，如家庭权力结构、人口结构和经济状况、兄弟姐妹数等也能够影响初婚年龄。[②] 生育作为一种社会现象，具有数量、时间和性别三个特征。[③] 生育数量和生育时间受生育观念的影响，同时也受到生育政策的影响。但是在中国，生育行为也受到中国传统文化的重要影响，“养儿防老”的观念和事实在农村广泛存在，折射出男孩偏好的历史渊源。[④] 随着社会经济的发展，社会流动的加速和社会群体受教育程度的提高，中国内部人口迁移现象普遍出现，尤其是以婚姻迁移为目的的人口流动更为突出。[⑤] 一般移民群体的婚姻行为表现在初婚年龄、初育年龄和生育子女数的改变。郭志刚和陈功利用全国人口抽样调查资料分析，在 20 世纪 90 年代初，由于移民群体大量迁入北京，对北京人口平均初婚年龄起到较弱的抑制作用。[⑥] 进入 21 世纪以来，人口流动

---

① 张俊良、杨公平：《消费需求扩张的难点与对策》，《理论前沿》，1999 年第 6 期。

② Mason K. O., Tsuya N. O., Choe M. K.: The Changing Family in Comparative Perspective: Asia and the United States. Honolulu, Hawaii, East-West Center, 1998, 2000（1）.

③ Goldstein S., Liang Z., Goldstein A. :“Migration, gender, and labor force in Hubei province, 1985–1990.” in Re-drawing boundaries: work, households, and gender in China. Edited by Entwisle, Barbara, Gail E. Henderson. University of California Press, 2000.

④ Arnold J.M., Ludmer P. L. Wright R.F. :Role of reflex sympathetic withdrawal in the hemodynamic response to an increased inotropic state in patients with severe heart failure, Journal of the American College of Cardiology, 1986（2）.

⑤ 穆秀华：《20 世纪 80 年代以来江浙沪农村婚姻观念变迁考察》，华东师范大学，2006 年。

⑥ 郭志刚、陈功：《1995 年 1% 人口抽样调查资料看北京从妻居婚姻》，《社会学研究》，1999 年第 5 期。

日益活跃，人口流动的规模和速度大大加快，迁入地的人口结构和婚姻模式等也发生了根本性变化。

一般移民群体的婚姻行为多从初婚年龄、理想婚龄、避孕和生育方面进行性别的比较研究，且研究结果发现移民群体的婚姻行为与当地居民相比具有较大差异，且男性与女性的婚姻行为也存在较大差异。高颖和吴昊研究了人口流迁对北京市平均初婚年龄的影响，结果显示男性平均初婚年龄为28.05岁，女性平均初婚年龄为26.21岁，且女性初婚年龄的方差相对男性更小一些；[①] 伍海霞等研究了深圳移民群体后发现，移民群体男性倾向于更高的生育子女数；[②] 杨瑛等调查了上海外来人口发现，外来移民群体女性初婚初育年龄均偏小，早婚早育的现象普遍存在。[③] 谢永飞和刘衍军对广州市流动人口的初育年龄进行研究发现，男性的意愿初育时间较女性更早。[④] 为了更有针对性和更加准确具体地探究移民群体的婚姻行为的差异性，借助微观数据的实证分析就显得尤为重要，因此也为本书婚姻移民群体开拓了较大的研究空间。

迁移人口作为迁移过程的主体和迁移行为的具体承担者，其迁移行为必然会对自身现实或未来的婚姻产生深远影响。人口迁移与婚姻是一个相互作用的过程。一方面迁移群体拓展了婚姻空

① 高颖、吴昊：《人口流迁对北京市平均初婚年龄的影响》，《人口研究》，2012年第5期。

② 伍海霞、李树茁、悦中山：《城镇外来农村流动人口的生育观念与行为分析——来自深圳调查的发现》，《人口研究》，2006年第1期。

③ 杨瑛、武俊青、陶建国：《已婚流动妇女的婚姻及生育状况分析》，《中国公共卫生》，2003年第11期。

④ 谢永飞、刘衍军：《外出对流动人口生育意愿的影响差异分析——以广州市流动人口为例》，《黑龙江社会科学》，2006年第2期。

间，增加了择偶机遇，可以提高婚姻质量；另一方面，迁移对于婚姻稳定又是一个威胁，在一定程度上动摇了一部分现有婚姻，造成了一部分婚姻错位、离婚率上升。因此，移民群体的婚姻是一个创造与破坏并举的过程。[①]婚姻迁移是农村人口迁移的一个重要方面，在不同的经济社会背景下，农村的婚姻迁移表现出不同的空间特征，并随着经济社会的变迁而不断发生演变。婚姻迁移与农村女性发展的关系是多维度、多层面的结构性关联，农村女性的发展与其进行婚姻迁移的模式有着密不可分的关系。纵观中国女性婚姻迁移行为的研究，虽然起步较晚，但大批的学术研究成果也在20世纪80年代开始大量涌现。

女性婚姻迁移的研究成果从早期集中在宏观层面的区域发展逐渐转向对微观层面个人和家庭发展的影响，而且主要都是说明婚姻迁移女性发展的弱势性。在对婚姻迁移女性的婚姻行为的研究中，国内外的研究都是少之又少，极少一部分也是限定在促使婚姻市场和通婚圈扩大的同时，女性的婚姻迁移使得迁入地迁出地的人口性别比改变，增加了迁入地计划生育管理的难度以及婚姻迁移女性的行为出现会导致拐卖女性的犯罪活动的增加等方面。[②]已有的文献对婚姻迁移女性的婚姻行为的研究很少，且探究结果不甚一致。从微观层面探索婚姻迁移女性婚姻行为的更是少见。为此，为了更多关注婚姻迁移女性这一庞大的女性群体的婚姻行为，同时也从一定程度上弥补已有研究中的欠缺，本书拟基于迁移的视角从女性婚姻迁移后的具体婚育行为（初婚年龄、初育年龄和生育子女数）进行分析，力求对婚姻迁移女性的婚育

---

① 陈永平：《迁移人口的婚姻结构分析》，《人口学刊》，1990年第4期。

② 赵丽丽：《城市女性婚姻移民的社会适应及其影响因素研究——对上海市"外来媳妇"的调查》，《上海交通大学学报》，2008年第3期。

行为进行更为全面地勾勒和分析。

五、移民群体的夫妻权力研究

中国历史上一直沿袭着父系制度赋予男性主导垄断而女性从属依附的社会角色。根深蒂固的社会歧视造成女性的发展在现实中普遍缺乏与男性平等的社会空间。随着改革开放和日益增加的城乡流动，越来越多的女性进入就业市场，不仅增加了家庭的经济资源，同时对参与家庭事务的决策权的需求也增强，这对中国传统父权文化思想发起了挑战，[①] 家庭夫妻关系发生了从传统“男主女从型”向“男女平权型”的转变。但是已有文献中关于移民或流动人口的夫妻权力的研究非常少见，均是针对整个群体或是亚群体研究（城市或农村），却并未单独列出流动群体夫妻权力研究。

夫妻权力模式是考察家庭关系、家庭结构变迁的重要切入点。中国高速的现代化加速了家庭小型化的趋势，近几次的全国人口普查数据显示，中国家庭的平均规模由 1982 年的 4.41 人降至 2000 年的 3.44 人，进而降至 2010 年的 3.10 人，家庭小型化趋势明显并且这一趋势仍在延续。[②] 家庭的结构转型和核心化趋势将会影响传统的家庭关系。父子关系在中国家庭研究中一直被视为传统大家庭基本要素，而夫妻关系则为近代小家庭的主要特质。资源理论（Blood and Wolfe）和对其修正的理论如资源—规范理论（Rodman）和相对情感需求理论（Safilios-Rothschild）成

① 杨善华：《家庭社会学》，高等教育出版社 2006 年版。

② 郭志刚、刘金塘、宋健：《现代生育政策与未来家庭结构》，《中国人口科学》2002 年第 2 期。

为夫妻权力研究的主流解释，他们认为在西方较发达地区资源理论有较强的解释力，即掌握资源较多一方更加拥有家庭权力，而在发展中国家权力结构更多地受到文化环境的影响，此外相对的情感资源交换和支持也会对夫妻权力产生影响。[①]

夫妻权力的研究最初来源于 Blood 和 Wolfe 在研究美国底特律家庭关系时提出的资源理论，该理论认为配偶中具有教育、职业和金钱收入等主要资源优势的一方将拥有更多的决策权。[②] 在现代社会中，比较资源(comparable resource）已经取代了传统(父权制）成为家庭权力的新来源。这一理论指导了大量关于夫妻权力的理论研究。此后探讨不同类型的资源对夫妻权力的影响成为研究热点。收入水平、教育程度和职业地位是重要的个人资源，这些因素对夫妻权力影响较大,[③] 而 Rodman 在研究了希腊和南斯拉夫后得出的结论挑战了资源理论的合理性，并据此提出了“规范—资源”的解释框架来修正单纯的资源理论，该解释框架认为夫妻之间的权力分配不再取决于 Blood 和 Wolfe 意义上的夫妻的比较资源，还要取决于特定的文化与亚文化中普遍盛行的夫妻权力规范。[④] 将社会文化规范纳入考察范围，使得对夫妻权力差异更具解释力。[⑤]Safilios-Rothschild 认为资源理论过于关注与传统

① Blood R.O., Wolfe D.M.: Husbands and Wives: The Dynamics of Married Living, The Free Press,1960.

② Blood R.O., Wolfe D.M.: Husbands and Wives: The Dynamics of Married Living, The Free Press,1960.

③ Kreps J. : The Economy and The Aged. Handbook of Aging and The Social Sciences. Van Nostrand, New York, 1976.

④ Rodman H. :Marital Power in France, Greece, Yugoslavia, and the United States: A Cross-National Discussion, Journal of Marriage and the Family, 1967（2）.

⑤ Rank M.R.:Determinants of Conjugal Influence in Wives’ Employment Decision Making, Journal of Marriage and the Family, 1982（3）.

社会分层地位相关的收入、声望、职业却忽视了情感方面需求等重要资源的基础上，他提出了“相对的爱和需要理论”（Relative Love and Need Theory）。[①] 夫妻双方的相互依赖体现了情感交流，夫妻中更希望维持婚姻的一方往往更容易顺从对方而失去权力。

相比较国外较为丰富的夫妻权力的研究，国内相关的研究还比较初级，主要集中于描述性和测度方面。[②] 徐安琪利用婚前父母和个体资源作为夫妻婚前资源对比进行整合研究，定量分析后发现婚前资源会对夫妻权力有影响并存在城乡差异，[③] 间接体现了婚姻支付的思想，婚姻支付作为两个家庭相对资源的对比，无疑是最为重要和直接的理想测度。国内利用资源理论进行定量研究并不多见，可能的原因是由于中国历史上一直奉行的父系制度和父权沿袭，使得资源理论解释度有限，而且由于中国婚姻制度和模式的差异，利用夫妻婚前资源对夫妻权力的研究还很少见。

一些家庭、社区和文化因素会对夫妻权力产生影响。女性更易将婚姻作为自己的归宿，无论是经济上还是情感上都更依附于丈夫，所以妻子更有可能失去权力而接受配偶的支配，那些可以自主决定自身行为的女性就会有更大的权力。[④] 此外，妻子对婚姻的评价和行为自主也是影响夫妻权力的重要因素，妻子自主行为越强对婚姻满意度越高，能说明家庭成员关系越和谐。经济较

---

① Safilios-Rothschild. :The Study of Family Power Structure: A Review 1960-1969, Journal of Marriage and the Family, 1970（4）.

② 徐安琪：《夫妻权力和妇女家庭地位的评价指标：反思与检讨》，《社会学研究》，2005 年第 4 期。

③ 徐安琪：《婚姻权力模式：城乡差异及其影响因素》，社会科学文献出版社 2002 年中国社会学会学术年会获奖论文集。

④ 徐安琪：《夫妻权力模式与女性家庭地位满意度研究》，《浙江学刊》，2004 年第 2 期。

为发达的地区提供较好的经济条件和便利的交通，现代化程度较高的地区女性地位提高和夫妻权力应该更加趋于平等。此外，家庭与亲属结构也被用以考察文化规范的解释变量，中国传统文化重要的表现形式之一是从夫居婚姻，农村女性婚后会居住在婆家，[①] 这种形式的婚姻赋予了男性在家庭权力等方面比女性具有更优越的地位，[②] 这种居住安排削弱了女性的权力，直接影响夫妻权力。

综上所述，已有的夫妻权力研究主要集中于当前的夫妻相对资源（当前经济资源匹配）的影响研究，但是缺乏本土化的纳入适合中国国情的婚前的夫妻资源的影响研究，对于婚姻迁移女性的研究更是少见。在中国农村背景下，经历着现代化和城市化双重变迁的同时，农村婚姻支付到底对当前夫妻权力产生什么影响，农村夫妻权力的现实状况是否存在时代差异？是否会受相对资源和文化规范因素影响，目前还缺乏可靠数据支持的论证。本书力图通过农村婚姻迁移女性的数据来深入研究和探讨经济维度的匹配对夫妻权力的影响。

第三节　婚姻迁移模式对女性发展的影响研究

婚姻迁移是男女双方为组建家庭而进行的一种特殊的迁移形

---

① Lavely, W.: Marriage and mobility under rural collectivism. In Rubie S. Watson and Patricia Buckley Ebrey（Eds.）, Marriage and inequality in Chinese society, Berkeley: University of California Press, 1991.

② Thornton A., Lin H. S., LinH.: Social Change and the Family in Taiwan, Chicago: University of Chicago Press, 1994.

式，其迁移模式主要涉及到空间、社会及制度等维度。婚姻迁移模式与女性发展的关系是多维度、多层面的结构性关联，婚姻迁移对于农村女性来说是实现社会流动的主要渠道。正如第一章的核心定义，本书研究的迁移模式包括三个维度，即空间迁移模式（通婚圈）、社会迁移模式（婚姻匹配）和制度迁移模式（户籍匹配）。迁移模式的各个维度对女性个体发展均有不同程度的影响，错综交集地影响着农村女性发展的各个方面，主要表现在经济状况、健康状况、社会融合和婚育行为方面。

一、空间迁移模式对女性发展的影响

农村女性的空间迁移模式主要表现为通婚圈，即婚姻的选择空间或地理范围。随着流动人口的大规模增加，许多欠发达地区的农村女性选择外嫁到其他较发达地区，女性婚姻迁移的距离大大增加。①

从经济和健康方面来看，远距离婚姻迁移的女性因为考虑到路费等问题，回老家的次数较少，赵丽丽的研究证实了回娘家的费用是影响农村女性婚姻迁移者经济状况的重要因素。②从女性自身的角度来看，家庭迁移并非总是对女性带来不利的影响，作为追随者，迁移也会改善已婚女性的就业机会。③婚姻迁移女性除了要面对新进入地区的经济社会生活适应，还要面对新进入家

① 肖鸿：《试析当代社会网研究的若干进展》，《社会学研究》，1999年第3期。

② 赵丽丽：《中国女性婚姻移民研究的回顾与反思》，《同济大学学报》（社会科学版），2007年第4期。

③ 张航空、杜静宜：《家庭流动对流动人口家庭成员就业状况的影响》，《人口与经济》，2012年第5期。

生活适应，这种双重适应的要求，给女性带来了不同于男性的压力，不利于婚迁女性的身心健康。①

从社会融合方面来看，相对于近距离的婚姻迁移，远距离跨省婚姻迁移可能会使女性婚姻移民在经济发展、健康福利、社会融合、生育和社会支持等方面面临一定的困难，可能造成婚姻迁移女性的社会地位明显低于当地女性。②发生在本省距离较大或是省际的婚姻的通婚圈比较大，由于空间上的距离在一定程度上失去了基于血缘、地缘、亲缘方面的资源和网络，而在迁入地，又由于社会距离的存在，难以融入新的环境。③有学者研究表明跨地域通婚特别是远距离通婚的夫妇常常因两地生活习惯、风俗文化等的差异而产生矛盾。④

通婚圈的扩大降低了流入地遗传病发病率，在一定程度上有利于人口遗传素质的提高，⑤且大规模远距离跨省婚姻迁移对促进地区文化交流和融合具有积极影响，对于保持人口婚配动态平衡也具有积极作用。⑥

---

① 谭琳、李新建、孙淑敏、黄博文、陈明淑：《农村女性婚姻迁入对迁入地社区发展的影响——关于张家港五个镇女性婚姻迁入的调查报告》，《南方人口》，1999 年第 1 期。

② Bossen L.: Village to Distant Village: the opportunities and risks of long-distance marriage migration in rural China, Journal of Contemporary China, 2007（50）.

③ 赵丽丽：《中国女性婚姻移民研究的回顾与反思》，《同济大学学报》（社会科学版），2007 年第 4 期。

④ 艾大宾、周丽：《四川盆地农村人口婚姻迁移空间演变分析及对策探讨》，《人口学刊》，2010 年第 6 期。

⑤ 李长印：《当代农村青年村内通婚现象调查》，《沈阳农业大学学报》（社会科学版），2012 年第 4 期。

⑥ 孙琼如：《婚姻：农村女性迁移的跷跷板——农村女性婚姻迁移的社会学分析》，《青年探索》，2004 年第 6 期。

二、社会迁移模式对女性发展的影响

社会迁移模式主要是指婚姻匹配，已有的关于婚姻匹配的后果研究主要是涉及婚姻稳定性和家庭收入等方面的影响。陆益龙从夫妇的一些主要社会经济特征的匹配状况和家庭条件的主观比较两个角度对影响离婚风险的因素进行了分析，发现“门当户对”的婚姻并不一定更加稳定；李建新和王小龙研究表明夫妻婚龄匹配对离婚风险具有显著影响，年龄上的不匹配容易提高离婚风险。①

婚姻匹配对家庭收入有一定影响。李雅楠和王飞研究表明婚姻匹配对家庭收入有显著的正向影响并随着市场化过程而深化，② 同质性婚姻匹配对家庭收入所起的作用逐渐增强；婚姻匹配对主观幸福感的研究表明，居民幸福感存在城乡差异和性别差异，农村居民主观幸福感的提升更可能来源于夫妻婚前收入匹配，而城市夫妻并不相同；夫妻婚前职业匹配会恶化女性婚后的主观幸福感而男性则不然。③

婚姻匹配会对农村女性的社会发展产生影响。韦艳和蔡文祯关于婚姻匹配变化和影响因素的研究定量地诠释以农村女性为代表的社会底层获取社会流动的机会和影响因素。④ 研究发现，农村女性的社会流动渠道很狭窄。雷晓燕等研究了高攀的婚姻对生

① 陆益龙：《“门当户对”的婚姻会更稳吗？——匹配结构与离婚风险的实证分析》，《人口研究》，2009年第2期。

② 李雅楠、王飞：《城镇居民婚姻匹配和家庭收入变动》，《人口研究》，2013年第6期。

③ 李后建：《门当户对的婚姻会更幸福吗》，《人口与发展》，2013年第2期。

④ 韦艳、蔡文祯：《农村女性的社会流动：基于婚姻匹配的认识》，《人口研究》，2004年第4期。

活满意度和健康的影响，研究结果表明高攀的女性目前的生活满意度相对较高，抑郁程度相对较低，高攀女性在生活满意度和精神健康方面的优势只在农村地区和相对贫困的地区较为显著，在城市和富裕的地方则不显著。①

三、户籍制度对女性发展的影响

户籍制度无论在宏观家庭层面或个人层面都对女性社会流动起着显著的影响，经济体制改革以前，由于严格的户籍制度，人们被限制在一定的地域范围内，远距离的通婚比较少，通婚圈较小；改革开放以来，虽然以户籍制度为核心的社会制度已经发生松动，城市社会也变得越来越宽容，在城乡社会流动日趋加剧的现实背景下，男女的人际交往已经突破了城乡界限，增大了通婚范围，即通婚圈扩大。② 但是“二元制”的户籍制度的根本变革还将是一个长期的过程，大多数农村女性的婚姻迁入地也只能是农村地区。正是基于上述原因，已有的婚姻迁移的研究对象绝大多数是婚姻迁入地为农村地区的女性婚姻移民，而对迁入地为大城市的女性婚姻移民群体鲜有涉及。③

在中国现行的户籍制度下，居住地与户口紧密相关，居住地的不同往往意味着收入水平、身份地位、发展机会以及社会认同等方面的差别。户籍制度对女性婚姻移民在迁入地的生活产生了

① 雷晓燕、许文健、赵耀辉：《高攀的婚姻更令人满意吗？婚姻匹配模式及其长远影响》，《经济学》，2014 年第 1 期。

② 风笑天：《农村外出打工青年的婚姻与家庭：一个值得重视的研究领域》，《人口研究》，2006 年第 1 期。

③ 赵丽丽：《中国女性婚姻移民研究的回顾与反思》，《同济大学学报》（社会科学版），2007 年第 4 期。

深远影响。户口的差异首先增加女性婚姻移民在迁入地生存和发展的成本。① 户籍制度的限制使得婚姻迁移女性缺乏本地居民享有的社会保障，未入户口的不能享受当地的医疗等福利。②

长距离的迁移使得她们原有的社会关系网络发生了变化。婚姻迁移女性社会资源缺乏，造成了女性低下的社会地位，从经济上和身份认同上阻碍了女性婚姻移民的社会适应和社会融合，增大婚姻迁移女性身体健康和心理健康方面的压力。③ 虽然部分婚姻移民女性很快掌握了当地语言，但因为长时间内不能获得当地户籍，又造成了她们在身份认同方面的困难，使得她们在心理适应方面处于矛盾的状态，户籍制度所包含的不平等因素使得女性婚姻移民融入城市社会的难度加大。④ 因为户口的差别，导致女性婚姻移民心理上的自卑感，这种自卑感在一定程度上破坏了她们融入城市的信心和努力。人口流动的不断增强固然在一定程度上弱化了户口的约束力，并为跨地域通婚提供了更大的可能性，但婚姻的社会性决定了其不可避免地受到外部大环境、制度、文化等因素的影响。⑤

综上所述，农村女性的发展与其婚姻迁移模式有着密切的联系，而现有研究对两者的相互影响关注较少。已有的对于婚姻迁

---

① 赵丽丽：《城市女性婚姻移民的社会适应及其影响因素研究——对上海市“外来媳妇”的调查》，《上海交通大学学报》，2008 年第 3 期。

② 孙琼如：《婚姻：农村女性迁移的跷跷板——农村女性婚姻迁移的社会学分析》，《青年探索》，2004 年第 6 期。

③ 赵丽丽：《中国女性婚姻移民研究的回顾与反思》，《同济大学学报》（社会科学版），2007 年第 4 期。

④ 谭琳、苏珊、萧特、刘惠：《“双重外来者”的生活——女性婚姻移民的生活经历分析》，《社会学研究》，2003 年第 2 期。

⑤ 艾大宾、周丽：《四川盆地农村人口婚姻迁移空间演变分析及对策探讨》，《人口学刊》，2010 年第 6 期。

移女性发展研究也仅仅是集中于分析流入地的经济、社会和文化的融合方面，而且已有的研究得出的关于农村女性的发展结论也不尽相同。究其原因或许有调查时间、地区、调查样本和调查目的不同，但重要的是婚姻迁移的模式不同所造成女性发展情况存在的差异在已有研究中尚未涉及。[①] 婚姻迁移模式融合了空间维度、制度维度和社会维度等多种要素的复杂组合，不同组合下的婚迁模式会对农村女性发展带来影响的程度和差异等都值得深入研究。

① 丁金宏、朱庭生、朱冰玲、樊华、孙小铭、林克武：《论城市两地户口婚姻的增长、特征及其社会政策寓意：以上海市为例》，《人口研究》，1995年第5期。

第三章　中国农村女性婚姻迁移模式：基于人口普查数据研究

本章使用的数据来源于中国2000年第五次全国人口普查1%抽样数据和2010年第六次全国人口普查1%抽样数据。首先，运用SAS软件对两次人口普查原始数据带进行基本的统计描述分析和数据整理，对两次人口普查中农村婚姻迁移女性的迁移水平、迁入地类型和迁移空间进行分析，并运用两次人口普查数据进行对比来研究农村婚姻迁移的女性迁移的态势分析。其次，对婚姻迁移女性的夫妻双方着重在教育维度上进行分析，建立对数可积层面效应模型来对夫妻双方匹配进行分析，同时根据历次普查数据进行纵向比较。

第一节　研究设计

一、研究对象的界定

在对农村婚姻迁移女性的迁移模式进行分析之前，有必要对本章涉及的几个核心概念进行界定。

（一）人口移动

广义的人口移动包括所有人类个体在空间位置上的移动。这种现象广泛的存在，但不同的移动所具有的意义和影响是迥然不同的。人口移动有深刻的社会背景和复杂的运作机制，随着人类社会构造复杂程度的加深，经济发展以及技术进步，人类有了越来越多的移动要求，并且更有能力克服地理距离的障碍。此外，宗教、文化传统以及自然规律都可能对人口的移动产生影响。人口移动在空间范围上和停留时间上有广泛的差异。从空间范围上看，包括短距离流动和长距离流动；从停留的时间上则有定居型的迁移和过往型的临时停留。

（二）农村迁移女性

对于迁出地户口类型的区分，在两次人口普查中迁出地户口登记类型分为“乡”“镇的居委会”“镇的村委会”“街道”，对于镇的居委会，由于非农业户口占到了绝大多数，所以它的居民和街道的居民类似，而镇的村委会中，由于农业户口占绝大多数，所以它的居民和乡的居民更加类似。因此把镇的居委会和街道看作城市的准平行迁移，镇的村委会和乡看作农村的准平行迁移。

（三）教育年限

第六次全国人口普查中，受教育程度的分类共有七类，分别是未上过学、小学、初中、高中、大学专科、大学本科、研究生，为方便计算和考虑到数据的实际情况，本章把大学专科、大学本科和研究生合为一类。按照中国目前的教育体制，本章相应假设每一类上学读书年数分别为3年、6年、9年、12年、16年。

（四）结婚年代

本章借鉴已有的研究和结合中国的实际，将初婚队列划分为三类：改革开放以前（1978年之前）、改革开放初期（1979—

1992）和改革开放深化时期（1993 年至今）。[①]

二、研究内容

本章将从空间迁移模式和社会迁移模式两个方面对农村女性婚姻迁移模式进行分析。空间迁移模式主要利用第五次和第六次全国人口普查数据，从迁移水平和迁入地类型来分析空间维度的迁移模式，揭示宏观层面女性婚姻迁移的水平和迁入地特征；社会迁移模式主要是通过教育维度的夫妻匹配来分析，主要包括夫妻教育水平描述性分析、各人群的受教育程度比较分析、分省各人群的平均教育年限分析，以及基于对数可积层面效应模型利用历次普查数据进行农村女性夫妻教育匹配的关联度分析。

第二节　婚姻迁移的空间模式依然呈现出乡乡迁移为主

本节主要从空间匹配的视角来研究中国农村婚姻迁移女性的基本迁移水平和模式，迁移的定义为跨越了县级行政区划的居住地改变。在普查数据中“出生地”分为“本县市区”“本省其他县市区”“省外”。被调查者要么将自己的户口登记地改变到了当前居住地，要么离开他 / 她的上一个居住地至少 6 个月以上。因为研究的是农村女性的婚姻迁移，所以只要在迁移原因选项中选

① 韦艳、沈志龙：《农村地区分家时间研究：基于生命表的分析》，《南方人口》，2013 年第 4 期。

择婚姻迁移的便是本节研究的对象。

本书主要是使用2000年第五次全国人口普查和2010年第六次全国人口普查数据进行分析研究，利用SAS软件将TXT中的原始代码进行统计分析。省市地区按照原始数据带中地址码的前两位进行提取编排；迁移类型在第五次全国人口普查中是按照R12“迁移原因”中“婚姻迁入项”来确定的，第六次全国人口普查中是按照R9类中“离开户籍登记地原因”中的“婚姻嫁娶”来选定的；对迁出地户口类型的区分时，把镇的居委会和街道看作城市的准平行迁移，镇的村委会和乡看作农村的准平行迁移。

一、不同人群的迁移水平分析

通过研究各省女性婚姻迁移的比重，女性婚姻迁移中来自农村的比重以及农村婚姻迁移女性占总数的比重，来研究农村女性婚姻迁移在总体的女性迁移中所占比例的基本情况；其次再求出各省男性婚姻迁移的比重，男性婚姻迁移中来自农村的比重以及农村婚姻迁移男性占总数的比重，来进行对比分析研究第六次全国人口普查时农村婚姻迁移女性的迁移状况。

$$\text{婚迁女性比例}=\frac{\text{从该省因婚姻迁出女性人数}}{\text{该省已婚女性总人数}} \qquad (3.1)$$

$$\text{婚迁中农村女性比例}=\frac{\text{从该省因婚姻迁出农村女性人数}}{\text{从该省因婚姻迁出女性人数}} \qquad (3.2)$$

$$\text{农村婚迁女性比例}=\frac{\text{从该省因婚姻迁出农村女性人数}}{\text{该省农村已婚女性总人数}} \qquad (3.3)$$

$$\text{婚迁男性比例}=\frac{\text{从该省因婚姻迁出男性人数}}{\text{该省已婚男性总人数}} \quad (3.4)$$

$$\text{婚迁中农村男性比例}=\frac{\text{从该省因婚姻迁出农村男性人数}}{\text{从该省因婚姻迁出男性人数}} \quad (3.5)$$

$$\text{农村婚迁男性比例}=\frac{\text{从该省因婚姻迁出农村男性人数}}{\text{该省农村已婚男性总人数}} \quad (3.6)$$

表 3—1　婚迁男女以及农村婚姻迁移男女各省区市的比重

（单位：%）

省份	婚迁男性比例	婚迁女性比例	婚迁中农村男性比例	婚迁中农村女性比例	农村婚迁男性比例	农村婚迁女性比例
京	2.76	9.45	24.11	31.93	0.67	3.02
津	2.71	9.67	13.11	34.67	0.36	3.35
冀	2.72	18.92	54.72	79.07	1.49	14.96
晋	1.72	11.85	51.28	65.21	0.88	7.73
蒙	2.19	9.64	46.39	66.01	1.02	6.36
辽	3.00	12.61	41.48	59.61	1.24	7.52
吉	1.85	12.24	53.23	65.80	0.98	8.05
黑	2.28	12.29	52.08	70.72	1.19	8.69
沪	1.69	7.22	27.27	34.58	0.46	2.50
苏	1.96	10.80	51.25	64.46	1.00	6.96
浙	1.24	6.83	51.27	64.94	0.64	4.44
皖	1.41	12.18	40.45	66.57	0.57	8.11
闽	0.75	7.30	69.23	74.30	0.52	5.42
赣	0.79	7.48	48.00	62.12	0.38	4.65
鲁	2.02	11.09	42.70	59.51	0.86	6.60
豫	1.80	10.82	58.97	70.38	1.06	7.62
鄂	1.66	10.32	52.80	56.56	0.88	5.84
湘	1.37	8.55	42.31	71.62	0.58	6.12
粤	0.38	5.32	36.90	62.00	0.14	3.30

续表

省份	婚迁男性比例	婚迁女性比例	婚迁中农村男性比例	婚迁中农村女性比例	农村婚迁男性比例	农村婚迁女性比例
桂	2.09	18.13	59.55	79.90	1.24	14.49
琼	0.68	14.25	25.00	68.83	0.17	9.81
渝	3.17	7.44	42.40	66.55	1.34	4.95
川	2.58	9.12	54.72	74.70	1.41	6.81
黔	2.76	16.09	58.51	79.65	1.61	12.82
滇	3.41	12.99	65.82	78.24	2.24	10.16
藏	2.42	6.40	66.67	75.00	1.61	4.80
陕	1.09	6.35	44.00	58.82	0.48	3.74
甘	1.64	9.25	58.82	60.12	0.96	5.56
青	1.49	10.30	72.73	66.15	1.08	6.81
宁	1.54	7.37	35.71	53.85	0.55	3.97
新	1.32	12.07	40.00	68.47	0.53	8.26
均值	1.72	9.89	47.85	65.61	0.82	6.49

数据来源：根据 2010 年第六次全国人口普查主要数据计算得出。

根据表 3—1 可看出第六次全国人口普查女性因婚姻而迁移的比重是 9.89%，而男性因婚姻而迁移比重只有 1.72%；在婚姻迁移的女性中，来自农村的女性占到了 65.61%，而来自农村的男性还不到 50%；从总体上看，农村男性的婚姻迁移比例为 0.82%，而农村女性的婚姻迁移比例为 6.49%，在各个省份的比较中，每个省的女性婚姻迁移都要大于男性，而且每一个省的农村女性婚姻迁移都要大于农村男性，在总体上女性因为婚姻而发生的迁移也要远大于男性。

进一步分析还可以看出，在一些比较贫困的地区女男的婚姻迁移比例会更大一些，并且在东部的次沿海地区的迁移比例也比较大，比如河北、广西等地区。根据各个省市农村女性的迁移状况来看，发现在比较贫困的地区发生婚姻迁移的比重比较大，比如在河北、广西、贵州、云南等地区，迁移比例都超过了10%，而在上海、北京、广东和天津这些经济发达的地区迁移的比重要明显小些，迁移比重都在3.5%以内，宁夏和陕西的比例也在4%以内。

二、农村女性婚姻迁移率分析

迁移率是反映迁移水平的重要指标，如果迁移率越高，迁移现象对迁入地造成的影响就会越大，从而迁移人口的教育水平、职业、夫妻年龄差会对本地区的经济社会发展造成的影响也越大。

$$\text{女性县内迁移率}=\frac{\text{在该省县内迁移的女性人口}}{\text{该省女性人口}} \quad (3.7)$$

$$\text{女性省内迁移率}=\frac{\text{在该省省内迁移的女性人口}-\text{在该省县内迁移的女性人口}}{\text{该省女性人口}} \quad (3.8)$$

$$\text{女性省际迁入率}=\frac{\text{迁入该省的女性人口}}{\text{该省女性人口}} \quad (3.9)$$

$$\text{女性县内迁出率}=\frac{\text{在该省县内迁出的女性人口}}{\text{该省女性人口}} \quad (3.10)$$

表3—2　农村婚姻迁移女性各省区市的迁入迁出水平

（单位：‰）

省份	第五次全国人口普查				第六次全国人口普查			
	县内	省内	省际	迁出	县内	省内	省际	迁出
京	4.66	1.24	7.31	1.09	4.15	1.35	10.65	0.34
津	9.67	1.05	6.52	2.10	6.16	1.09	5.25	1.09
冀	10.32	4.00	2.23	5.73	20.73	2.43	2.26	2.69
晋	13.59	5.24	1.68	6.02	13.18	3.69	2.34	1.05

续表

省份	第五次全国人口普查				第六次全国人口普查			
	县内	省内	省际	迁出	县内	省内	省际	迁出
蒙	13.90	6.40	1.28	8.69	15.93	4.92	3.31	4.56
辽	8.75	5.29	2.52	5.93	14.97	3.75	2.80	1.24
吉	6.30	3.11	1.39	5.49	17.16	3.77	1.44	2.73
黑	7.45	4.30	1.27	6.90	16.90	3.93	1.70	4.28
沪	3.38	0.13	4.42	0.13	5.18	0.74	9.44	0.37
苏	10.26	4.46	5.49	5.43	13.16	3.20	4.42	1.31
浙	12.62	4.08	5.13	4.54	11.61	2.72	5.07	0.76
皖	13.28	4.06	2.41	6.84	13.14	2.67	2.82	3.05
闽	9.03	4.77	1.81	4.84	12.91	3.26	4.21	1.07
赣	16.05	4.72	1.30	7.37	9.90	1.67	1.37	2.30
鲁	14.14	4.40	1.73	5.05	9.33	2.09	1.18	1.23
豫	14.61	4.09	1.42	5.17	7.87	1.69	0.56	2.10
鄂	6.65	3.67	1.24	6.06	10.53	3.69	2.22	2.74
湘	13.11	4.53	1.92	6.96	10.09	2.53	1.67	3.36
粤	7.18	3.59	2.89	4.09	8.00	3.17	2.65	1.01
桂	11.53	5.87	1.57	9.30	21.18	5.53	2.22	4.35
琼	10.02	5.60	1.77	7.07	19.45	6.21	2.97	2.70
渝	12.41	3.60	3.98	5.98	8.07	2.72	3.88	3.11
川	13.20	6.83	1.68	10.47	10.54	3.47	1.62	4.07
黔	16.55	6.93	1.41	19.68	16.31	6.94	2.44	9.19
滇	13.43	5.84	1.13	13.94	15.79	3.80	0.80	6.09
藏	3.25	0.00	0.81	2.44	2.33	1.55	0.78	3.89
陕	11.43	3.53	1.40	4.93	6.00	1.83	0.74	2.29
甘	13.28	4.82	1.01	7.69	5.68	1.26	0.79	2.92
青	22.88	8.80	1.32	13.64	11.95	3.19	1.99	1.99
宁	27.10	6.02	3.39	7.15	5.46	2.05	4.43	1.36
新	6.42	3.15	3.92	3.37	14.96	2.97	2.68	0.19

数据来源：根据 2000 年第五次全国人口普查和 2010 年第六次全国人口普查数据计算得出。

根据表3—2中两次普查数据我们可以看出，总体上农村女性的婚姻迁移省内迁移比重要大于省际迁移比重，而在省内迁移中又以县内迁移为主；同时发现农村女性省际迁移的婚姻迁入地主要集中在北京、天津、江苏、浙江和上海这些比较发达的地区，省内迁移发生比例较大的地区大多聚集在相对比较落后的青海、贵州、广西、江西、四川等省份；在省际迁出的分析中我们可以看出，上海、北京、天津、广东、浙江等东部沿海较发达地区迁出比例较小，而像贵州、云南、青海、四川、广西等西部比较落后的地区迁出比例较大。

纵向上分析两次普查数据我们可以看出，在部分省份省内迁移变化较大，宁夏在第六次全国人口普查中比第五次全国人口普查省内迁移比例减少了25.61%，青海、甘肃和江西等省省内迁移也有不同程度的减少，而吉林、海南、广西等省份省内迁移的比例有所增加；在省际迁入的比较中，农村女性向上海、北京和福建部分较发达的省市的婚姻迁入比例有增加的趋势，而在天津、新疆、江苏、河南和陕西等地区婚姻迁入比例有所减少；在迁出的比较中，第六次全国人口普查中省际迁出的比例总体上都有所减少，除了西藏和上海两省市外，其余各省省际迁出都有所减少，其中青海、贵州、云南、四川和宁夏等省减少的比重较大。

三、迁入地类型分析

根据第五次和第六次全国人口普查的城镇代码可以把迁入地地区类型分为城、镇、乡。由于中国长期执行的户籍制度使城乡处于相对隔绝的状态，不同的迁入地类型所代表的户口类型不同，所以在各种迁入地类型的迁入中形成了不同的迁移障碍，也必然会影响到迁移人口的迁移空间流向。

中国的户籍制度是特有的制度，1958年颁布了对中国社会产生深远影响的《中华人民共和国户口登记条例》，户籍制度中的城乡差异不仅仅是户籍本身的不同，而且对于人们身份地位、收入、福利生活条件、就业教育等各个方面都有很大的影响；户籍的差别不仅对自身的现状有关系，还对子女未来教育、就业等待遇有一定的影响。改革开放以来，城乡经济发展不平衡，使得城乡之间的公共服务分布得不均等。户籍制度展示了城乡地域空间的不同、身份地位的高低、受教育以及就业的难易等多种婚姻匹配要素，在很大程度上影响着人们的婚姻迁移状况①。

根据表3—3两次全国人口普查数据我们可以看出，农村女性的婚姻迁移最终迁移地的类型以农村为主，其次是迁往比较发达地区的城市，迁移到城镇的比例最小。迁移地为农村，而且比例比较大的地区主要集中在广西、青海、贵州、四川和江西等比较落后的西部贫困地区，而在上海、西藏、北京等省区市迁入地为农村的比较少；迁移到城市的比例较大的地区有北京、上海、天津、广东和浙江等，多为比较发达的东部地区，而迁移比重较小的地区有西藏、云南、江西、陕西等地区；迁往城镇的比例各个省份都比较小，而其中相对较大的省份有天津、浙江、内蒙古、广西、海南等省市，而比重最小的省份有西藏、河北、吉林、甘肃和北京等。

综上可以看出：在总体上，迁移到农村的比例有所减少，在第六次全国人口普查中只有少数省如吉林、海南、黑龙江、新疆

---

① 高颖、张秀兰：《北京市近年婚配状况的特征及分析》，《中国人口科学》，2011年第6期。

和河北等共九省区市略有增加之外，其余各省区市都有不同程度的减少，其中宁夏、青海、甘肃、河南和江西等省区市减少的比例较大，像宁夏减少了22.8%；迁往城市的比例有所增加，其中上海、北京、天津、内蒙古和广西等省区市增加的比例比较大，而宁夏、江西、海南、山东和河南等比例有所减少；第六次全国人口普查比第五次全国人口普查迁往城镇的比例各个省市都有所增加，除天津、青海、宁夏三个地区比例略有减小之外，其余各个省区市都有所增加，而且比例增加相差不大。

表3—3　农村婚姻迁移女性各省区市的迁入地类比重

（单位：‰）

省份	第五次全国人口普查			第六次全国人口普查		
	城市	镇	农村	城市	镇	农村
京	5.29	1.09	6.84	11.55	1.35	3.25
津	2.73	4.20	10.30	5.61	2.35	4.53
冀	1.67	0.81	14.06	1.92	5.10	18.42
晋	3.36	2.01	15.14	4.22	3.51	11.48
蒙	3.29	3.20	15.09	5.37	6.35	12.44
辽	3.90	1.53	11.12	3.71	2.90	14.92
吉	1.80	0.82	8.19	3.05	2.65	16.68
黑	2.60	1.57	8.84	2.76	3.64	16.14
沪	3.90	1.43	2.60	10.18	2.87	2.31
苏	3.34	2.49	14.38	3.92	4.50	12.36
浙	3.99	3.54	14.29	4.58	5.45	9.38
皖	1.76	2.09	15.91	2.43	4.48	11.71
闽	2.65	3.16	9.81	3.79	4.80	11.79
赣	2.77	2.48	16.81	1.37	3.04	8.52
鲁	4.09	2.09	14.10	3.02	2.78	6.81
豫	2.57	1.42	16.13	1.64	2.18	6.29
鄂	2.55	0.88	8.13	4.13	3.54	8.78

续表

省份	第五次全国人口普查			第六次全国人口普查		
	城市	镇	农村	城市	镇	农村
湘	2.28	1.59	15.68	2.43	3.13	8.73
粤	3.34	1.63	8.68	4.85	2.84	6.12
桂	1.87	2.53	14.56	3.59	7.04	18.30
琼	4.13	2.36	10.90	2.97	6.75	18.91
渝	4.29	2.53	13.18	3.57	4.50	6.60
川	2.31	1.52	17.88	1.85	3.47	10.32
黔	2.15	2.45	20.29	3.37	5.44	16.87
滇	1.44	2.97	15.99	1.73	3.84	14.81
藏	0.00	0.00	4.07	0.78	1.55	2.33
陕	1.82	1.52	13.02	1.43	1.77	5.37
甘	1.94	1.10	16.07	1.50	1.42	4.81
青	3.08	2.64	27.28	2.39	1.99	12.75
宁	4.89	2.26	29.36	3.41	2.05	6.48
新	2.94	1.20	9.35	4.12	2.49	14.00

数据来源：根据2000年第五次全国人口普查和2010年第六次全国人口普查数据计算得出。

第三节　婚姻迁移的社会模式呈现出同类匹配为主

教育是社会分层的重要指标，其代表着社会成员在劳动力市场以及社会结构中的地位和资源，影响着家庭现在和未来的生活机会。而且在众多的社会地位指标中，教育比社会声望、收入等其他指标更加稳定，容易测量。而且受教育程度在一定程度上反映女性跨越障碍能力，教育提高了女性在劳动力市场上的竞争能力，同时受教育程度的提高使女性更容易获取外部信息，通过婚姻迁移获得更好的生活条件。本节主要从教育维度来分析农村婚姻迁移女性的社会匹配模式。

一、夫妻教育匹配基本描述

根据第六次全国人口普查受教育程度分为七类，分别是未上过学、小学、初中、高中、大学专科、大学本科、研究生，为方便计算和考虑到数据的实际情况，本节将大学专科、大学本科和研究生合为一类。

表 3—4　夫妻双方教育匹配频数列联表

（单位：人）

丈夫受教育程度	妻子受教育程度				
	未上过学	小学	初中	高中	本科及以上
未上过学	29	8	6	1	0
小学	104	575	248	22	4
初中	46	459	1828	181	33
高中	11	79	383	235	37
本科及以上	5	17	97	113	156

数据来源：根据 2010 年第六次全国人口普查主要数据计算得出。

从表 3—4 中可以看出婚姻教育匹配的特征，首先教育程度相同的夫妻占到了 60.36%，说明教育同类婚是教育匹配的主要类型；妻子文化程度低于丈夫的向上婚姻占到 28.09%，而妻子文化程度高于丈夫的向下婚姻只占到了 11.55%，说明妻子的文化程度比丈夫要低；再向上婚姻中丈夫比妻子高一级的占到了 80.59%，即梯度婚姻超过了 80%，同时达到了总体样本的

22.64%，而且同类婚和梯度婚姻总和达到了83%，说明这两种婚姻是教育匹配的主要形态。

二、不同人群受教育程度的比较

农村婚姻迁移女性是一类特殊迁移群体，考察她们的受教育程度有着重要的意义，同时研究这些女性丈夫的受教育程度也能在一定程度上反映农村女性婚姻迁移的教育匹配特征。另外本节还把第六次全国人口普查中全部男性、女性和全部结婚的男性、女性的受教育程度分布用来对比研究，对于分析农村婚姻迁移女性的受教育程度也有重要作用。

表3—5　不同男性、女性的受教育程度的比重比较

（单位：%）

	全部男性	全部女性	结婚男性	结婚女性	婚迁男性	婚迁女性
未上过学	2.81	7.74	2.91	8.44	0.94	4.17
小学	24.03	30.58	27.03	34.59	20.38	24.33
初中	48.35	43.10	47.66	40.79	54.46	54.78
高中	15.14	11.30	13.84	10.08	15.93	11.80
本科及以上	9.67	7.28	8.57	6.01	8.30	4.92

数据来源：根据2010年第六次全国人口普查主要数据计算得出。

从表3—5可以看出，农村婚姻迁移女性的受教育程度大部分为初中，占到了全部样本的54.78%，其次是小学超过了20%，高中程度农村婚姻迁移女性占了11.80%，而本科及以上学历的还不到5%，与之对应的农村婚姻迁移女性丈夫的受教育程度明显要比农村婚姻迁移女性受教育程度高一些，我们发现这些婚迁女性丈夫受教育程度读完高中的超过了15%，本科及以上学历的也达到了 8.30%。

农村婚姻迁移女性的受教育程度与全部结婚女性相比，发现农村婚姻迁移女性的受教育程度要高一些，只有本科及以上学历的比例略小；和全部女性相比之下，农村婚姻迁移女性受教育程度也是略高，但是本科及本科以上学历的比例明显小于全部女性。所以从总体上农村婚姻迁移女性的受教育程度略高，但是发现受教育程度达到本科及以上的发生婚姻迁移的比例会有所减少。

农村婚姻迁移女性丈夫的受教育程度与其他男性受教育程度相比，农村婚姻迁移女性丈夫的受教育程度要比全部结婚男性的受教育程度略高一些，而比全部男性的受教育程度略低；同时我们可以看出达到本科及以上学历后会有更少的人愿意和农村婚姻迁移女性结婚。

三、分省各人群平均受教育年限比较

根据前文分析把受教育程度分为未上过学、小学、初中、高中、大学专科及以上共五类，按照中国目前的教育体制，本节相应假设每一类上学读书年数分别为 3 年、6 年、9 年、12 年、16 年，这样计算出每一类人群的平均受教育年限，来比较分析农村婚姻迁移女性的受教育程度。

根据表 3—6 中的平均受教育年限可以看出农村婚姻迁移女性的平均受教育年限是 8.72 年，在经济水平比较发达的北京、上海和天津地区这些农村婚姻迁移女性的平均受教育年限超过了 10 年，而在西藏、贵州、四川、青海和云南等这些西部偏远地区的受教育年限都不足 8 年。在夫妻受教育年限的比较上，甘

肃、青海、海南、安徽和贵州等省的夫妻受教育年限差都超过了1年，而在吉林、北京、新疆、天津、河北和辽宁等地区，夫妻受教育年限平均差不超过0.3年，说明这些地区的教育匹配同类婚比较多。

我们比较还发现，农村婚姻迁移女性与配偶的平均受教育年限差仅为0.67年，和全体男女平均受教育年限差的0.77年以及全体已婚男女平均受教育年限差的0.84年相比，明显是最小的。

表3—6 各个人群平均受教育年限

（单位：年）

省份	全部男性	全部女性	结婚男性	结婚女性	婚迁男性	婚迁女性
京	11.50	11.30	11.38	10.89	11.10	11.04
津	10.38	9.92	10.27	9.69	10.26	10.06
冀	9.26	8.65	9.03	8.35	9.20	8.93
晋	9.56	9.05	9.41	8.86	9.21	8.68
蒙	9.39	8.68	9.33	8.57	9.65	8.74
辽	9.69	9.27	9.59	9.06	8.96	8.67
吉	9.50	9.18	9.40	8.99	8.82	8.79
黑	9.43	9.01	9.39	8.91	8.90	8.48
沪	10.74	10.16	10.59	9.86	11.85	10.85
苏	9.60	8.64	9.38	8.31	9.80	8.86
浙	8.99	8.28	8.73	7.95	9.68	8.89
皖	8.79	7.55	8.64	7.28	9.26	8.19
闽	9.12	8.15	8.87	7.82	8.90	8.19
赣	9.07	8.05	8.86	7.78	9.00	8.34
鲁	9.32	8.39	9.08	8.09	9.82	9.09
豫	9.23	8.43	8.99	8.08	9.74	9.14

续表

省份	全部男性	全部女性	结婚男性	结婚女性	婚迁男性	婚迁女性
鄂	9.41	8.48	9.27	8.23	10.10	9.11
湘	9.21	8.57	8.93	8.28	10.01	9.33
粤	9.67	8.90	9.50	8.68	9.60	8.73
桂	9.04	8.23	8.88	8.02	9.04	8.29
琼	9.67	8.44	9.57	8.22	9.57	8.29
渝	8.80	8.15	8.39	7.67	8.86	8.32
川	8.47	7.81	8.16	7.40	8.38	7.91
黔	8.15	6.96	7.91	6.66	8.79	7.78
滇	8.01	7.26	7.75	6.93	8.92	7.96
藏	6.42	5.30	6.10	5.19	7.00	6.00
陕	9.48	8.69	9.21	8.36	10.40	9.62
甘	8.54	7.45	8.52	7.38	10.26	8.74
青	8.35	7.46	8.07	7.08	9.25	7.94
宁	9.12	8.26	8.98	8.05	8.96	8.00
新	9.25	8.99	9.09	8.77	9.17	9.03
均值	9.24	8.47	9.03	8.19	9.39	8.72

数据来源：根据 2010 年第六次全国人口普查主要数据计算得出。

四、建模分析

为了更好地研究农村婚姻迁移女性夫妻双方教育的同类匹配，本节利用全国人口普查数据按照结婚年代计算了从 1981—2010 年 30 年夫妻双方教育匹配的频数列联表，来研究从 20 世纪 80 年代后农村因婚姻迁移的女性与丈夫之间的教育匹配变动态势。

在研究三维表数据时[①]，我们令 R 为行，C 为列，L 为分层，三个变量的分类分别以 i ($i=1$、2、L、I)，j ($j=1$、2、L、J)，k ($k=1$、2、L、K) 表示。本章主要是分析 R 和 C 之间的相关关系以及在不同的 L（结婚年代）分层的变化，一般的饱和对数线性模型为：

$$\log(F_{ijk})=\lambda+\lambda_i^R+\lambda_j^C+\lambda_k^L+\lambda_{ik}^{RL}+\lambda_{jk}^{CL}+\lambda_{ij}^{RC}+\lambda_{ijk}^{RCL} \quad (4.1)$$

因为我们重点研究 RC 相互关系随层次的变化，因此我们指定和估计 λ_{ij}^{RC} 和 λ_{ijk}^{RCL} 得到条件独立模型：

$$\log(F_{ijk})=\lambda+\lambda_i^R+\lambda_j^C+\lambda_k^L+\lambda_{ik}^{RL}+\lambda_{jk}^{CL} \quad (4.2)$$

为了更加灵活地定义 RC 之间的典型相关模式，本文利用对数可积层面效应模型，并限定层间变化为对数可积，即对 λ_{ij}^{RC} 不加限制，仅对 λ_{ijk}^{RCL} 限定条件，这样便可以得到方程：

$$\log(F_{ijk})=\lambda+\lambda_i^R+\lambda_j^C+\lambda_k^L+\lambda_{ik}^{RL}+\lambda_{jk}^{CL}+\phi_k\psi_{ij} \quad (4.3)$$

利用对数可积层面效应模型，通过起源—终点关联在表格中对数可积的变化，来比较流动表。公式（4.3）中，F_{ijk} 为预测频数，6 个 λ 项控制边缘分布。R 和 C 分别代表行（i）与列（j），L 表示层面效应，即本章中的各年份（k）。ψ_{ij}拟合教育匹配列联表的平均效应，ϕ_k 拟合 K 年来教育匹配度的变迁。因为可能有大量个案属于同类婚，堆积在对角线上，所以增加模型 1b 控制对角线效应。模型 1a 与模型 1b 的差别就在于后者控制了对角线

① Xie Y. : The Log-Multiplicative Layer Effect Model for Comparing Mobility Tables. American Sociological Review, 1992（3）.

效应，但令对角线效应历年不变，而将变化的残余部分纳入层面效应估计。这不但可以提高模型的拟合度，而且对关联性可以有更精确的评估。

为了得到对教育匹配度变迁的可靠估计，这里以古德曼(Goodman）对数可积 RC 效应模型来估计教育关联度，① 建立 2a 和 2b 不同模型，公式为：

$$\log(F_{ijk}) = \lambda + \lambda_i^R + \lambda_j^C + \sum \phi_k \nu_j \mu_i \quad (4.4)$$

对于 $I \times J$ 表格的而相关联，古德曼指出有相邻的行与列分类构成的（$I-1$）（$J-1$）D 的 2 × 2 子表格的比率比系数可以描述如下，设 $\theta_{ij/k}$（$i=1,\cdots\cdots,I-1,j=1,\cdots\cdots,J-1$）表示第 k 个表格的由第 i 行、第 i+1 行与第 j 列、第 j+1 列所构成的子表格的条件比率比系数。我们可以证明：

$$\theta_{ij/k} = F_{ijk}F_{(i+1)(j+1)k} \Big/ \left[F_{(i+1)jk}F_{i(j+1)k}\right]$$

$$= \lambda_{ij}\lambda_{(i+1)(j+1)} \big/ \lambda_{(i+1)j}\lambda_{i(j+1)} \exp\left[ij\phi_k + (i+1)(j+1)\phi_k - (i+1)j\phi_k - i(j+1)\phi_k\right]$$

$$= \theta_{ij}\exp(\phi_k)$$

无条件比率比 θ_{ij} 可被视为在忽略层面变量的情况下与列关联的总体比率比。

公式（4.4）中，3 个 λ 项仍然是控制边缘分布，而且此处令行列效应 ν_j μ_i 项历年相等，所有变迁皆归入 ϕ_k 项。故此，两

① Goodman L. A.: Simple Models for the Analysis of Association in Cross Classifications Having Ordered Categories, Journal of the American Statistical Association, 1979（74）.

种模型的 ϕ_k 项层面效应均代表着历年夫妻间教育的匹配度水平。ϕ_k 的数值越大，说明教育的关联度越大，婚姻双方教育的同质性越大。需要再次强调的是，被估计的参数 ϕ_k 已经剔除了教育水平结构变迁的作用，是教育匹配的净关联度，反映着社会经济变迁下择偶模式的改变。模型 2b 同模型 1b 一样进一步控制对角线效应。

我们运用下面几个统计量来分析：

L^2 是对数似然率卡方检验的统计量值，适合在传统模型集合中，L^2 的大小可以在一定程度上反映拟合度的大小，但是 L^2 的大小会受到样本量的影响，由于在此次研究分析中用的是全国人口普查数据，样本量过于庞大，所以用 L^2 来作为统计量分析会影响研究结果。

选用 BIC（Bayesian Information Criterions）来对模型进行解释：$BIC = L^2 - (DF)\log N$，BIC 它是测量模型的简约型，要求当所增加的解释变量能够减少 BIC 值时才在模型中增加解释变量，如果 BIC 值小于零说明所用于检验的模型比饱和模型更好。如果 BIC 越小，即 BIC 负值绝对值越大，说明模型既有相当的解释力，有相对消耗很少的自由度，是更加适合分析的模型。

P 值是指个案预测失败率，1–P 就会得到拟合度值，拟合度可以看出模型对数据的拟合程度，数值越高说明模型对数据的拟合度越好。

为了展示婚姻的教育匹配历年来的变动态势，本章按初婚年份计算数据，因为样本中 1980 年以前结婚的人数稀少而将其合并。这样共得到 1980—2010 年分年度的 30 张 5×5 的教育匹配表。因为各年份样本量大小不一，会导致参数重要性在模型拟合时会被低估。所以将 30 个分表重新加权，令每个年份的样本量大小均一，而总样本量不变。

表 3—7　关联度模型数据

模型类型	具体模型	L^2	自由度	BIC	P（%）
1a	分年度对数可积层面效应模型	756	435	–3123	7.45
1b	模型 1+ 对角线效应	669	430	–3163	6.68
2a	分年度对数可积 RC 模型	946	444	–3010	9.65
2b	模型 2+ 对角线效应	810	439	–3101	8.61

根据表 3—7 模型的选择过程我们可以看出，第一个 b 模型加入对角线效应后 BIC 值变小，而且 P 值也有所下降，说明增加了对角线效应后拟合度有所提高；第二个 b 模型在增加了对角线效应后我们发现 BIC 值变小，同时 P 值也有所减小，即拟合度也有所提高，这说明增加了对角线效应的模型更加准确。1b 模型的拟合度为 90.13%说明在农村婚姻迁移同类婚的夫妇在教育程度的匹配关系中解释了 90.13%，2b 模型的拟合度达到了 89.62%，说明在农村婚姻迁移同类婚的夫妇在教育程度的匹配关系中解释了 89.62%。总体而言，同类婚现象在农村婚姻迁移女性的婚姻中占到了绝大部分。

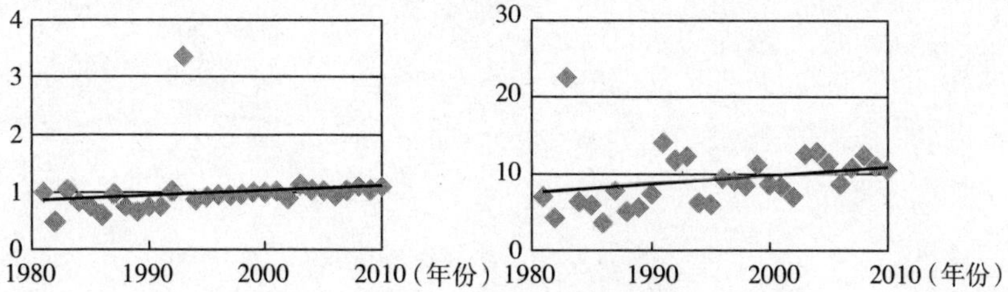

图 3—1　历年 ϕ 参数结果

图 3—1 为基于 1b 和 2b 模型所估计的历年 ϕ 参数结果（具体数据参见附录 1)，其中散点为估计值，ϕ 值的大小代表教育匹配的净关联度，数值越大说明婚姻双方在教育程度上的匹配越高。总体上可以看出两种模型估计的结果基本相同，值有缓慢上升的趋势。在 1b 模型中我们可以看出在总体上估计值呈现平稳增加，只有在 1993 年出现较大的波动，2b 模型与 1b 模型相比起伏较大，但是总体上也呈现了上升的趋势，只有在 1983 年出现较大变动，另外在 1991—1993 年之间也有所起伏，比较两个模型可以看出在 20 世纪 90 年代初都有一些波动，之后保持在比较平稳状态，这说明刚刚进入改革开放深化时期，随着物质生活的不断提高在择偶过程中更加重视对方本身能力，教育作为自主因素的主要变量，在很大程度上可以反映婚姻双方的同质性。

第四章　户籍身份与农村女性的婚姻流动

由于城乡发展的差别和城市户口附带着比农村户口更多的受国家保障的权益，“农转非”被视为向上的社会流动。户口流动受到诸多限制，农村女性实现户籍转变的渠道狭窄且机会非常有限。虽然中国户籍制度不断地进行微调改革，但农村人口户籍类型转变非常困难。①每年农转非的配额被控制在非农业人口的0.15%—0.2%之间。②农村户籍的男性在教育、入党等方面比农村户籍女性更具有相对优势，但农村户口转城市户口中，女性比例较高，③农村女性更有可能通过婚姻获得城市户口从而实现向上流动。

本章力图通过全国性的抽样调查数据，利用较为合理的模型和方法对已有的关于农村社会流动的两种渠道即户籍身份转变和

① Chan K.W., Zhang L.: The Hu kou system and Rural-Urban Migration in China: Processes and Changes, China Quarterly, 1999（160）.

② Chan K.W., Buckingham W.: Is China Abolishing the Hukou System? China Quarterly, 2008（195）.

③ Wu X.G., TreimanD.J.: Inquality and Equality under Chinese Socialism: The HukouSystem and Inter-generational Occupational Mobility. American Journal ofSociology, 2007（113）.

婚姻匹配的影响因素，以及两者的影响进行丰富和补充。通过综合分析先赋因素、后致因素和时代因素对农村社会流动的影响，深入剖析农村女性社会流动的主要渠道、影响因素和时代变迁特征，为丰富农村女性社会流动和变迁研究提供实证依据。

第一节　变量测度与模型选择

本章数据来自中国人民大学社会学系和香港科技大学社会调查中心合作的 2006 年度全国综合社会调查（Chinese General Social Survey 2006），本章所关心的是考察户籍类型转变事件对农村女性婚姻匹配的影响，我们要考察有经历的一批人及其在经历了不同事件后所受的影响，因此本章删除未婚人口和再婚人口，而且仅选取原始户籍为农村（以她 18 岁时母亲农村身份来判定，由于户籍所在地和身份是根据一个人的母亲的户籍状况确定的，这一点直到 1998 年颁布的一项新政策才得以改变。[①] 因此从母亲的户籍状况可以基本确定孩子出生时的初始户口）的已婚女性，最后纳入本章分析的样本共 2667 人。

本章关注农村女性通过婚姻获得社会流动的机会以及先赋因素、后致因素和时代背景的相对影响。基于上节的讨论，我们通过户口类型转变（从农村户口转变为城市户口）和“上迁婚姻”来考察社会流动，“上迁婚姻”则通过三种类型的配偶匹配来衡量：包括丈夫是否来自更富裕的家庭，丈夫是否比妻子更富有，

---

① Chan K.W., Zhang L.: The Hu kou system and Rural-Urban Migration in China: Processes and Changes, China Quarterly, 1999（160）.

丈夫是否拥有城市户口。这三类匹配涵盖了婚姻的经济和社会维度。

因变量有三个：(1) 嫁给有钱的婆家：分为“是”和“否”两类。调查问卷中题项“结婚时您的家庭经济状况与配偶家相比”的选项是“好很多”“好一些”“差不多”“差一些”“差很多”，将男方比女方“好很多”和“好一些”合并为嫁给有钱的婆家，其余为“否”。(2) 嫁给有钱的丈夫：调查问卷中题项“您个人的收入与配偶的收入相比”的选项是“好很多”“好一些”“差不多”“差一些”“差很多”，将男方比女方“好很多”和“好一些”合并为嫁给有钱的丈夫，其余为“否”。(3) 嫁给城市丈夫：分为“是”和“否”两类。比较结婚时农村女性与丈夫的户籍身份，来确定其是否嫁给拥有城市户口的丈夫。

根据已有的理论认识和考虑数据获得的可行性，影响“上迁婚姻”的先赋因素包括父亲的户口类型、本人民族成分；后致因素有根据受教育年限划分的教育程度、初婚时家庭经济状况等；时代背景通过样本的出生队列来反映。

自变量：户籍类型是否转变：我们考察在初婚前，农村女性的户籍类型是否转变，分为“是”和“否”两类。

控制变量：根据已有文献和本章的研究目的，控制变量包括出生队列、受教育程度、初婚前父亲的户口、初婚前家庭社会经济状况等。

出生队列：分为四类：1950 年以前；1950—1959 年；1960—1969 年；1970—1979 年。

教育程度：按照原始问卷将教育程度分为 12 类，我们进行了量化转变，教育程度按受教育年限划分为：0—6 年，7—9 年，10 年及以上。

父亲的户口状况：初婚时父亲的户籍状况分为城市和农村两类。

工具变量：本章用18岁时家庭藏书情况来间接代表农村女性初婚前家庭经济情况，该变量适合做剔除变量，是因为婚前家庭的藏书所代表的家庭因素更有可能影响女性户口转变，而对找配偶并不产生直接影响。有研究表明，家庭背景因素对于女性的地位获得的影响明显大于对男性影响，尤其对女性教育机会的获得。[①] 由于问卷并未提供女性结婚前家庭的经济状况，我们用题项“18岁时家里有多少本书”来间接代表农村女性初婚前家庭经济情况，该变量分为三类：0本、1—9本、10本及以上。

已有研究倾向使用Probit回归模型来分析涉及分类变量的因果关系问题。从技术层面看，Probit回归模型容易受变量的“内生性”干扰，即纳入分析模型的各变量之间可能存在的互相作用和互为因果会导致产生偏离客观实际的结果。例如根据现行户籍政策，户口类型对婚姻和社会流动的影响交织着先赋和后致的范畴。父母的户口状态是先赋的，而本人的户口类型首先秉承父或母的户口类型，但也可能通过升学、婚姻的途径而改变。此外，第一次的社会流动（即婚前成功转换了农村户口）可能影响其后的社会流动（“上迁婚姻”）的机会。因此，我们的分析引入了可以控制概率模型估计时的“内生性”问题的Binary Endogenous Regressor Probit（BERP）模型，以便能够更细化、更真实地了解婚姻和社会流动受制于哪些因素。[②] 农村女性初婚前的家庭经济

① 李春玲：《中国职业性别隔离的现状及变化趋势》，《江苏社会科学》，2009年第3期。

② Tsay W.J., Ke P. H. : A Simple Approximation for Bivariate Normal Integral Basedon Error Function and its Application on Probit Model with Binary EndogenousRegressor. Ieas Working Paper Academic Research, 2011.

状况，在 BERP 模型中被作为工具变量使用以考察这个变量对户口类型转变和婚姻匹配的直接和间接影响。

本章的婚姻匹配分析中农村女性是否有“上迁婚姻”，这些变量均为定性的二分变量。

本章利用 BERP 模型来控制内生性问题，因为农村女性户口身份即受到先赋和后致因素的影响，同时户口身份也和其他因素一起会对女性婚姻向上流动产生影响。本章利用此模型考察农村女性经济维度和社会维度的向上婚姻流动的影响。具体公式如式（1）所示：

$$y_1 = 1\left[x_1^T\beta_1 + \alpha_1 y_2 + u_1 > 0\right],$$

$$y_2 = 1\left[z_2^T\delta_2 + v_2 > 0\right], \qquad \text{公式（1.1）}$$

y_1 代表婚姻匹配的经济维度和社会维度，如果丈夫来自更富裕的家庭，或丈夫比妻子更富有，或丈夫拥有城市户口则 y_1=1。y_2 代表农村女性的户口身份，如果女性在初婚前转户口则 y_2=1。（u_1, v_2）独立于 x_1, z_2，且它们是均值为零的二维标准正态分布。这里 1 (.) 是指标函数值，如果括号内的陈述是正确的取值为 1，否则为 0。对于给定的值 x_1，可以利用 BERP 模型很容易计算出重要的平均处理效应。v_2 代表农村女性未被观测到的个人和家庭能力。由于这些未观测到的能力可能与 u_1 的相关，当分析户口身份对婚姻向上流动的影响时，不能简单地把农村女性户口作为外生变量。

ρ 是 u_1 之间的相关系数，当 $\rho=0$ 时，y_2 是外生变量，此时可以利用 Probit 估计模型。测试假设 $\rho=0$ 对于确定 y_2 是否为外生变量非常必要，从而确定使用 BERP 的必要性。由于 BERP 模型从方法上有效改进了普通的 Probit 估计模型的估计偏差，也可借助工具变量发掘出普通的 Probit 估计模型可能遗漏的信息，从而所得结果更丰富、可信程度更高。

第二节 婚姻市场存在城乡隔离

一、婚姻匹配和户籍身份转变描述性分析

表 4—1 是与农村女性有关的各个变量随出生队列变化的描述性信息。从分布和趋势来看，虽然“上迁婚姻”一直被期待且事实上存在，但只占婚姻总量的很少份额。以经济维度考察的“上迁婚姻”随时间有轻微上升，嫁往富裕婆家和收入更高的丈夫的比例分别从 14%和 10%上升到 16%和 15%；而以社会维度衡量的“上迁婚姻”（嫁向城市的比例）则在波动中下降，这个结果背后隐含农村女性通过婚姻渠道而获得的向上社会流动会遭遇诸多“路障”。

表 4—1 变量的描述性统计信息

变量	出生队列			
	1950 年之前	1950—1959 年	1960—1969 年	1970 年以后
“上迁婚姻”比例				
婆家收入更高	0.131 (0.338)	0.146 (0.354)	0.166 (0.373)	0.160 (0.367)
丈夫收入更高	0.104 (0.305)	0.105 (0.307)	0.136 (0.343)	0.149 (0.356)
丈夫拥有城市户口	0.398 (0.490)	0.221 (0.415)	0.174 (0.379)	0.226 (0.418)

续表

变量	出生队列			
	1950 年之前	1950—1959 年	1960—1969 年	1970 年以后
先赋和后致综合因素				
婚前户口“农转非”	0.227 (0.420)	0.114 (0.318)	0.114 (0.318)	0.165 (0.371)
先赋因素				
父亲城市户口	0.052 (0.222)	0.061 (0.240)	0.080 (0.271)	0.087 (0.282)
汉族	0.980 (0.139)	0.964 (0.186)	0.961 (0.195)	0.949 (0.220)
后致因素 教育程度[1]				
低	0.785 (0.411)	0.719 (0.450)	0.506 (0.500)	0.347 (0.476)
中	0.148 (0.356)	0.182 (0.386)	0.377 (0.485)	0.452 (0.498)
高	0.067 (0.250)	0.099 (0.298)	0.117 (0.321)	0.202 (0.402)
工具变量 初婚时家庭经济状况[2]				
低	0.686 (0.465)	0.665 (0.472)	0.604 (0.489)	0.502 (0.500)
中	0.217 (0.413)	0.221 (0.415)	0.263 (0.440)	0.299 (0.458)
高	0.096 (0.295)	0.114 (0.318)	0.133 (0.340)	0.199 (0.399)
样本数 **（N=2667）**	405	588	788	886

注：（1）教育程度按照接受教育年限的长短分为低、中、高三种类别，其中“低”定义为受教育年限少于 6 年，“中”为 7—9 年，“高”为 10 年以上。（2）基于数据的局限，这一变量以“18 岁时家庭藏书量”作为替代划分出低、中、高三种类型，其中“低”定义为无家庭藏书，“中”定义为家庭藏书量 1—9 本，“高”定义为家庭藏书超过 10 本。（3）括号内数字是变量的标准差。

数据来源：2006 年 CGSS 调查。

不仅仅是“上迁婚姻”，社会流动的另一通道（农村户口转为城市户口）也不宽畅。整体上，少于 1/4 的样本在初婚前可以成功转变其农村户口的身份，最高的年代，比例只有 22%，低时仅为 11.4%。这个结果符合户口“农转非”多年来受到严格控制、农村女性户籍转变机会有限的现实，也符合中国城市化水平偏低的实际。长期以来，每年“农转非”的配额被控制在非农业人口的 0.15%—0.20%之间。[①] 迄今为止，户籍人口城市化率只有 35%。

表 4—1 还反映了中国农村女性的基本情况：绝大部分父母都是农村户口（父亲是城市户口的比例不足 10%）；只有 20%左右的人接受过高中或以上的教育；汉族的比例占了 95%；大部分人的家庭并不富有。

二、婚姻市场的城乡隔离

农村女性初婚前户籍身份与丈夫的社会经济信息交叉比对显示出户口类型转变的效用：第一次的社会流动有助于第二次的社会流动。表 4—2 反映了农村女性的户口转换会对以社会维度衡量的“上迁婚姻”产生积极影响，婚前拥有城市户口的农村原籍女性嫁给拥有城市户口的丈夫的可能性大幅度提高（从 11.9%提升到 90.4%），而以经济维度衡量的“上迁婚姻”也有轻微上升趋势。表 4—2 还反映了城乡婚姻市场的相对隔离和城乡通婚的性别差异，只有 12%农业户口的女性能嫁到城市；而农村女性一旦获得

---

① Chan K.W., Buckingham W.: Is China Abolishing the Hukou System? China Quarterly, 2008（195）.

了城市户口之后，嫁给农村户口的丈夫的可能性极低（不足 1%）。

表 4—2　农村女性户籍身份与丈夫社会经济特征分布

	初婚前为农村户口	初婚前为城市户口
丈夫拥有城市户口		
是	0.119	0.904
否	0.881	0.096
丈夫收入更高		
是	0.127	0.139
否	0.813	0.861
婆家收入更高		
是	0.150	0.180
否	0.850	0.820

数据来源：2006 年 CGSS 调查。

第三节　户籍身份对女性上迁婚姻的影响

表 4—3 提供了 BERP 模型的回归结果比较，有利于更客观地认识农村女性的社会流动（户口“农转非”和“上迁婚姻”）的各类影响因素的交叉作用，表中的（1）、（3）和（5）列给出了三类“上迁婚姻”的影响因素的回归结果；（2）、（4）和（6）列是在三类“上迁婚姻”中相应的“农转非”的影响因素的回归结果，以控制女性户口转变的内生性。

对表 4—3 结果的讨论，首先必须考虑前文提及的“内生性”问题。变量“内生性”的影响可以从统计参数 ρ 的估计得到反映，在 BERP 模型中，所有因变量的 ρ 估计都非常显著，说明把女性户口类型作为外生变量的模型在分析婚姻匹配及其影响因素时会具有一定的误导性。ρ的方向（正值或负值）进一步识别到，一些由于资料的局限而未被纳入当前模型的自变量会对因变量产生潜在影响。从控制了变量的“内生性”的结果来看，作为“后致变量”和“先赋变量”的综合因素——初婚前户口类型——对“上迁婚姻”的影响非常重要。虽然城市户口不是决定“上迁婚姻”的唯一因素，但农村女性初婚前具有城市户口时，明显增加了所有维度的“上迁婚姻”的机会。户籍身份转变对婚姻模式影响的估计结果显示，嫁给收入更高的家庭的平均效应为22.41%，嫁给收入更高的丈夫的平均效应为15.57%，嫁给城市户口丈夫的平均处理效应为40.85%。这说明，虽然初始户籍同样是农村户口，把农村户口转变为城市户口的女性比那些不能或没有转户口者，不同维度的“上迁婚姻”的成功几率分别高出了22.41%，15.57%和40.85%。如果在特定的年代，农村户口转变为城市户口可以视为一种成功的社会流动的话，这意味着，第一次流动会对其后的社会流动产生积极效应。这个结果与研究户籍转变对职业和收入的流动的结论相似。

表4—3　农村女性“上迁婚姻”影响因素BERP模型估计结果

变　量	婆家收入更高		丈夫收入更高		城市丈夫	
	(1)	(2)	(3)	(4)	(5)	(6)
婚前户口“农转城”（否）是	0.746**		0.593		1.187*	
父亲户口（农村）城市户口	0.188	1.132***	0.038	1.133**	0.309	1.137
民族（少数民族）汉族	0.061	–0.236	0.257	–0.222	–0.216	–0.249
教育程度（低）						
中	0.136*	0.432***	0.060	0.441***	0.661***	0.484***
高	–0.129	1.428***	–0.003	1.434***	1.194***	1.490***

续表

变　量	婆家收入更高		丈夫收入更高		城市丈夫	
	(1)	(2)	(3)	(4)	(5)	(6)
出生队列（1970以后）						
1950 以前	–0.127	0.837***	–0.232**	0.843***	1.051**	0.862***
1950—1959	0.008	0.178*	–0.167*	0.178*	0.450***	0.200**
1960—1969	0.057	–0.015	–0.031	–0.019	0.004	–0.033
常数项	–1.210***	–1.738***	–1.395***	–1.753***	–1.492***	–1.734***
ρ	–0.430**		–0.378**		0.506**	
Log likelihood	–1973.48		–1854.82		–1732.77	
初婚时家庭经济状况（低）						
中		0.263***		0.267***		0.205**
高		0.388***		0.362***		0.205***

注：(1) 变量列中括号内文字表示参照项；(2) ***P<0.001，**P<0.01，*P<0.05。
数据来源：2006 年 CGSS 调查。

先赋因素对不同的社会流动产生不同的影响。父亲的城市户口会加大农村女性获得户口“农转非”的机会，但帮助她们实现“上迁婚姻”的作用并不直接。“民族成分”无论是对户口“农转非”或“上迁婚姻”影响都不明显。换言之，对于较低阶层而言，父亲的城市户口成为子女获得更好社会位置的最大资源。曾经实施多时的户口“农转非”子女顶替政策，[①] 在一定历史阶段的确为户口类型的代际流动、农村底层跻身城市提供了一种较低门槛的制度可能。样本中父亲是城市户口的比例不足 10%，也意味着只有一少部分幸运儿能够循此途径进入城市。这类“户口代际相

① 王爱云：《试析中华人民共和国历史上的子女顶替就业制度》，《中共党史研究》，2009 年第 6 期。

关”的受惠对象虽不普遍，也从另一个侧面反映出社会流动中客观存在的制度不平等。但是，家庭背景不能完全决定“上迁婚姻”的几率，预示着“后致因素”更能左右婚姻匹配。

表 4—3 结果显示，“后致变量”之一的教育程度，对不同的社会流动发挥积极但不完全相同的作用。教育水平越高的女性越容易实现农村户口转变为城市户口，也越容易嫁入城市。然而教育水平在婚姻匹配上的影响不一。中等程度的教育水平可以帮助女性嫁到收入更高的家庭，但是过高的教育水平（高中及以上）并没有增加女性嫁给收入更高的丈夫的机会。参考国外相关研究①，一个假设性的解释是，教育程度越高的女性具有更好的人力资本，经济独立能力相对越强，面对婚配时关注的维度越多元化，寻求收入更高的配偶的愿望并非十分强烈。解读女性教育水平与以经济维度测量的“上迁婚姻”的复杂关系，有待更加深入、具体的后续研究。

时代背景对婚姻匹配和社会流动的影响可以通过比较不同出生对列的变量统计参数来认识。统计结果显示，出生队列靠前的女性获得以经济维度衡量的“上迁婚姻”的几率更低。观察性的解释是这些女性的成家时间大多数在改革开放前，当时无论是个人或地区的收入差距都相对较为平均，择偶考虑更注重制度因素能够带来的潜在连锁效应（例如城市户口产生的系列利益）而非简单的收入对比。② 这表明，在计划经济时代，城市户口是获取

① Smits J., Ultee W., Lammers J. : Educational Homogony in 65 Countries: AnExplanation of Differences in Openness Using Country-level Explanatory Variables. American Sociological Review, 1998（2）.

② 徐安琪：《择偶标准：五十年变迁及其原因分析》，《社会学研究》，2000 年第 6 期。

体制内资源的重要前提，城市生活是社会地位的重要标尺。而改革开放后，婚配标准与市场导向下的“物质主义”接轨，经济因素被奉为婚姻关系的中心。统计分析结果还显示，出生队列靠后的女性相比出生队列靠前者，改变农村户口、嫁到城市的几率越低。这种变化契合随着城乡差别有所缩小、城市户口含金量萎缩、农村户口附带的经济利益增加，城市户口和城市生活的吸引力而逐步下降的趋势，这表明随着城乡二元结构的改变，农村户口转变为城市户口、农民进城作为向上社会流动的重要标志的观念不断被弱化。

第五章　农村婚姻迁移女性的经济发展研究

经济发展状况研究是移民研究的一个重要方面，在对移民经济发展状况的研究中，目前国内多是从不同维度对一般移民群体的经济发展进行研究，对于婚姻迁移女性的经济发展状况研究比较少。本章主要有以下两个研究目的：1. 分析婚姻迁移模式对农村女性经济发展的影响；2. 分析婚姻迁移女性和本地已婚女性的经济发展状况的差异性。

本章基于已有的对于婚姻移民和一般移民的研究，首先，对农村婚姻迁移女性的经济发展现状从年收入、职业和工作时长三个维度进行分析；其次，基于迁移模式、社区因素及其他因素建立影响农村婚姻迁移女性经济发展状况的分析框架，在提出有关假设的基础上，讨论模型的变量设计与分析方法；最后，对农村婚姻迁移女性经济发展状况产生影响的各因素进行多层线性模型分析。

第一节　农村婚姻迁移女性与本地女性的经济状况差异

本章主要分析农村婚姻迁移女性的经济发展状况，一般移民群体的经济发展研究大多是以个体特征为重要变量来研究经济发展，但是国内专门关于婚姻迁移模式对农村女性经济发展影响的研究还比较少，这也给本章提供了一定的研究空间。本章在已有研究的基础上提出了经济福利是个人客观生活状态方面的福利，并说明了经济福利对于农村婚姻迁移女性的重要性，其中经济福利主要从个人年收入和打工状况来衡量，[①] 本章基于已有研究，将婚姻迁移女性的经济福利从年收入、职业和工作时长三个维度来衡量。[②] 本节在衡量年收入和打工时间时，分别通过“您个人收入为多少（包括打工和农业生产收入）”和“在去年一年里，您打工时间合计几个月（不足一个月的按一个月计）”两个问题来测度。其中两个问题答案均为连续变量，在具体处理时，为了消除奇异值的影响，这里个人收入取对数，同时打工时间值为“0—12”之间；职业用“您个人目前的职业属于”来衡量，将职业分为农业和非农业两种来测度，农业设为“1”，非农业设为“0”；对于不同类型的婚姻迁移区域，通过T检验，比较本地已婚女性与婚姻迁移女性经济现状的差异程度。分析结果如表5—1所示：

---

① 韦艳、吴莉莉、张艳平：《农村婚姻迁移女性生活福利研究》，《青年研究》，2014年第6期。

② 谭琳、李新建、黄博文、陈明淑、孙淑敏：《女性婚姻迁入对其自身发展影响的研究——关于江苏张家港市的调查报告》，《妇女研究论丛》，1998年第4期。

表 5—1 农村女性经济发展现状

	总体		迁入地		迁出地		均衡地	
	婚迁	本地	婚迁	本地	婚迁	本地	婚迁	本地
年收入（Ln）	9.58**	9.42	9.78ns	9.77	9.36***	9.15	9.71***	9.46
职业（农业）非农	0.29	0.42**	0.17	0.29**	0.37	0.49*	0.34	0.46*
打工时间	5.21ns	5.23	5.75*	5.43	9.49ns	9.49	6.60ns	6.62
样本量	1064	1122	383	382	461	518	220	222

注：*** p<0.001；** p< 0.01；* p< 0.05；+ p< 0.10；ns 不显著；变量一列的括号内为参照项。

数据来源：2014 年“婚姻迁移模式对农村女性发展的影响研究”调查。

从表 5—1 可以看出，婚姻迁移女性的年收入（9.58）明显高于本地已婚女性（9.42）；从职业分布上来看，本地已婚女性的农业人口（0.42）比例显著高于婚姻迁移女性（0.29），但是无论是本地已婚女性还是婚姻迁移女性，职业都是以农业为主；在打工时间上来看，两者没有差别。在年收入方面，迁出地和均衡地婚姻迁移女性的年收入（9.77 和 9.71）明显高于本地已婚女性（9.15 和 9.46），可能是因为均衡地和迁出地本身经济发展水平较低，女性在婚姻迁移的过程中得到了更好的工作机会或是经济补偿，而在婚姻迁入地，婚姻迁移女性和本地已婚女性的年收入差异不明显；在职业方面，在婚姻迁入地、均衡地和迁出地的本地已婚女性和婚姻迁移女性都表现出明显差异：本地已婚女性从事农业的人口比例均高于婚姻迁移女性，但总体而言，农业人口都多于非农人口，这与总体样本所表现出来的结果一致；在打工时间方面，虽然总体样本没有表现出本地已婚女性和婚姻迁移女性的明显差异，但是，在迁入地上却明显表现为婚姻迁移女性的打工时间（5.75）高于本地已婚女性（5.43），打工时间在均衡地和迁出地没有明显差别，这可能是由于迁入地多为经济发达地区，很多婚姻迁移女性都是在打工的过程中结婚，而本地已婚女性没有这一特征。

第二节　影响因素研究模型设计

本章主要对农村婚姻迁移女性的经济发展影响因素进行回归分析，选用年收入、职业和打工时间作为因变量来反映农村已婚女性在经济发展方面的具体情况。本章采用的总样本容量为 811 人，其中婚姻迁移女性 385 人，本地已婚女性 426 人，分别占总样本量的 47.4%和 52.6%。

本节主要分析农村婚姻迁移女性的经济发展影响因素，年收入、职业和打工时间是最能反映一个人经济福利状况的指标，所以本部分选取年收入（Ln）、职业和打工时间作为因变量来衡量农村婚姻迁移女性的经济状况，在技术手段上，由于每一个女性都来自于同一个地域范围内（村），因此所有的个人样本不是独立的，同村之间的农村已婚妇女的相关关系受到地域的影响，同村的样本可能比不同村的样本之间更加接近或相似。[①] 因此，我们选用分层线性模型来进行分析。本书的数据是来自九个不同省份的 275 个村子的 2186 个农村已婚女性样本，但是由于部分数据缺失，在本节实际使用的本章采用的总样本容量为 919 人，村样本 240 个。

① 杨舸、段成荣、王宗萍：《流动还是留守：流动人口子女随迁的选择性及其影响因素分析》，《中国农业大学学报》（社会科学版），2011 年第 4 期。

本章运用年收入、职业和工作时长三个维度来衡量婚姻迁移女性的经济发展状况，将它们作为因变量。三个维度在问卷中的衡量在现状描述部分已经叙述，这里不再重复。

自变量为婚姻匹配与通婚圈，控制变量包括个人因素和社会经济因素，婚姻匹配包括教育匹配、家庭经济匹配和收入匹配；个人因素包括地区、教育水平、职业、收入、打工经历、婚龄；社会经济因素包括村民年人均纯收入水平和本村距离镇里的远近程度，具体如下：

1. 婚姻匹配。教育匹配中分别将夫妻双方的教育程度划分为“小学及以下”“初中”“高中及以上”，并对此进行夫妻教育匹配，分为三类：“丈夫教育程度高于妻子”，“丈夫教育程度低于妻子”，“丈夫教育程度等于妻子”；家庭经济分为三类，运用“您的家庭经济状况与丈夫家的经济状况相比”来衡量，“好很多”“好一些”定义为“丈夫家庭经济状况低于妻子”；结果为“差一些”和“差很多”定义为“丈夫家庭经济状况高于妻子”；结果为“相当”定义为“丈夫家庭经济状况等于妻子”。收入匹配分为三类，选取“您个人的收入与丈夫的收入相比”来衡量，结果为“好很多”“好一些”定义为“丈夫收入低于妻子”；结果为“差一些”和“差很多”定义为“丈夫收入高于妻子”；结果为“相当”定义为“丈夫收入等于妻子”。年龄匹配分为三类：“丈夫年龄大于妻子”，“丈夫年龄小于妻子”，“丈夫年龄等于妻子”。

2. 通婚圈。通婚圈利用问题“与您丈夫相比，您来自什么地方?”来测量，设为二分类变量：省内通婚和省际通婚，分别赋值“1”“0”。

3. 个人因素。个人因素包括地区、教育程度、收入、婚龄、歧视和方言掌握。受教育程度设为三分类变量，即教育程度为“小学及以下”“初中”“高中及以上”，分别赋值“0”“1”和“2”；收入为连续变量，取对数；打工经历设为二分类，分为“无”和“有”，分别赋值“0”和“1”；婚龄为连续变量。方言掌握设为二分类：“差”和“好”，分别赋值为“0”和“1”，还有歧视设为二分类：“有”“无”，分别赋值为“1”和“0”。

4. 社区因素。村人均年收入水平和本村距镇政府距离。这些变量均作为二分类变量引入模型中。当地村人均年收入状况以全体调查人群回答的金额的平均数（10484.42 元）为分界点，因此将小于 10484.42 元的为低水平，反之为高水平；本村距镇政府的远近程度以 5 公里为分界点，小于 5 公里的为近距离，大于或等于 5 公里的为远距离，具体变量如表 5—2 所示：

表 5—2　分层线性回归分析的变量描述性统计信息

	变　量	赋值	均值	标准差
因变量	**年收入**	连续变量	8.78	2.82
	职业（农业）非农	（1）0	0.71	0.46
	工作时长	连续变量	6.58	4.72
自变量	**教育匹配**（妻子低于丈夫）	（0）		
	夫妻教育程度相当	1	0.52	0.50
	妻子高于丈夫	2	0.16	0.37
	年龄匹配（妻子低于丈夫）	（0）		
	夫妻年龄相当	1	0.15	0.36
	妻子高于丈夫	2	0.13	0.33
	家庭经济匹配（妻子家庭低于丈夫家庭）	（0）		
	夫妻家庭经济相当	1	0.54	0.50
	妻子家庭高于丈夫家庭	2	0.21	0.40
	通婚圈（本省）省际	（0）1	0.52	0.50

续表

	变 量	赋值	均值	标准差
控制变量	**方言掌握程度**（差）好	（0）1	0.84	0.37
	歧视（无）有	（0）1	0.20	0.40
	打工经历（无）有	（1）0	0.66	0.47
	婚龄	连续变量	13.55	9.17
	受教育程度（小学及以下） 初中 高中及以上	（0） 1 2	— 0.39 0.30	— 0.49 0.46
	社区距镇政府距离（≤ 5 公里）＞ 5 公里	（0）1	0.40	0.49
人均收入水平（低水平）高水平		（0）1	0.28	0.45

数据来源：2014 年“婚姻迁移模式对农村女性发展的影响研究”调查。

分析方法：分层模型

层 1 模型：经济发展状况 $=\beta_0+\beta_1$（教育匹配）$+\beta_2$（年龄匹配）$+\beta_3$（家庭经济匹配）$+\beta_4$（通婚圈）$+\beta_5$（教育程度）$+\beta_6$（方言掌握）$+\beta_7$（打工经历）$+\beta_8$（歧视）$+\beta_9$（婚龄）$+\Upsilon_1$

层 1 模型的含义是表示经济发展是婚姻匹配、通婚圈、个人因素的函数。这些影响因素直接对经济发展状况影响，因此放在第一层，β_0 是截距项，β_1 是各自的斜率。Υ_1 是第一层随机项。

层 2 模型：

$\beta_0=G_{00}+G_{01}$（村人均年收入）$+G_{02}$（距离镇政府距离）$+U_0$

$\beta_i=G_{i0}$（i=1、2、3……9）

层 2 模型的含义是层 1 中的截距项 β_0 是村民人均收入水平，距离镇里的距离远近的函数，其中 G_{00} 是截距项，G_{01} 和 G_{02} 分别是村民人均收入水平，距离镇里的远近程度，U_0 代表随机项。

层 1 考察了迁移模式对婚姻迁移女性经济发展状况的影响。当不考虑社区影响时，分析婚姻迁移模式对经济发展的影响；考虑层 2 中的变量时，实际上是考虑第 2 层变量对层 1 方程中的截距项 β_0 的影响。

第三节　空间迁移和社会迁移模式对农村女性经济产生的影响

本节分析中，主要采用HLM分层线性模型分析通婚圈、婚姻匹配、个人经济文化特征因素及社区因素对农村婚姻迁移女性经济发展的影响。首先研究空间迁移模式对农村婚姻迁移女性经济发展的影响，考察通婚距离对农村婚姻迁移女性经济发展的影响；其次，研究社会迁移模式对婚姻迁移女性经济发展的影响，考察不同婚姻匹配类型对农村女性经济发展的影响；最后，考虑控制变量及个体所在社区的影响，建立HLM模型，具体分析结果见表5—3。

表5—3显示的是婚姻迁移对农村已婚女性经济发展状况的影响结果，如表5—3所示，表中的零模型回归结果显示，三个模型的截距项的估计信度分别达到0.545、0.587和0.602，截距项估计精确度比较高。

由表5—3可知，通婚圈作为一种空间迁移模式，对于农村婚姻迁移女性的经济发展影响显著，即通婚圈距离的远近会影响她们的经济发展。具体表现在：省内迁移的婚姻迁移女性的个人年收入比省际迁移的婚姻迁移女性高0.93倍；而在打工时长上，省际迁移的婚姻迁移女性的打工时长比省内迁移的婚姻迁移女性高1.34倍，这可能是一部分婚姻迁移女性本身就是由于跨省打工认识丈夫而进行的婚姻迁移，这也与已有的很多关于农村女性婚姻迁移原因研究结论相同。①

① 游正林：《农村妇女远嫁现象研究——河北省香河县外来妇女情况调查》，《社会学研究》，1992年第5期。

表 5—3 婚姻迁移女性经济发展的影响因素分层回归

	经济发展状况		
	个人年收入	职业	打工时长
固定效应			
层 1 截距	4.055***	5.989***	61.405***
社区因素			
村民人均收入水平（低）高	0.91	1.48+	2.75*
社区距镇政府距离（≤ 5 公里）＞ 5 公里	1.38	0.91	1.70
通婚圈（本省及以内）省际	0.93*	0.80	1.34**
教育匹配（妻子低于丈夫）			
夫妻教育程度相当	1.07	1.48*	1.01
妻子高于丈夫	0.73	1.99*	0.90
年龄匹配（妻子低于丈夫）			
夫妻年龄相当	0.54*	0.93	1.16
妻子大于丈夫	1.35	1.17	2.34*
家庭经济匹配（妻子家庭低于丈夫家庭）			
夫妻家庭经济相当	1.67*	1.01	0.09
妻子家庭高于丈夫家庭	1.25	0.94	1.16
方言掌握（差）好	0.99	1.17	1.39
歧视（无）有	0.95	0.77	0.98
教育程度（小学及以下）			
初中	1.27	2.56***	1.18
高中及以上	1.04**	8.33***	1.17
打工经历（无）有	8.33***	3.94***	29.96***
婚龄	1.04**	0.97**	0.97
随机效应			
随机项	1.18	2.97	2.43
层 1 截距项的信度估计	0.545	0.587	0.602
村样本数	240		
个人样本数	919		

注：*** 表示 p<0.0001；* 表示 p<0.05；+ 表示 p<0.1；变量一列的括号内为参照项。
数据来源：2014 年“婚姻迁移模式对农村女性发展的影响研究”调查。

婚姻匹配作为一种社会迁移模式，对于农村婚姻迁移女性的经济发展状况的影响也十分显著，不同的婚姻匹配模式会在不同经济发展的不同维度上影响农村婚姻迁移女性的经济发展，具体表现为：夫妻的教育匹配对于婚姻迁移女性的职业有显著影响，当妻子教育程度越高于丈夫时，其职业为非农的可能性就越大，相较于妻子教育程度低于丈夫，当夫妻教育程度相当时，妻子职业为非农的可能性显著提升了1.48倍，而当妻子教育程度高于丈夫时，这一可能性更是增加了1.99倍；夫妻的年龄匹配和家庭经济匹配都会对婚姻迁移女性的个人年收入和打工时长产生显著影响，当妻子与丈夫年龄相当时，相较于妻子年龄低于丈夫，妻子的年收入显著下降54%，妻子年龄大于丈夫时，其打工时长会显著增加，达2.34倍，相较于妻子家庭状况比丈夫差，当夫妻家庭经济情况相当时，妻子的年收入会显著提升1.67倍，这说明农村婚姻迁移女性和丈夫的教育匹配程度对于其职业类型影响显著，同时夫妻双方婚前的家庭经济状况也会影响到妻子婚后的年收入。

从个人因素看，方言掌握程度与歧视对农村已婚女性的经济发展没有影响，但是教育程度、打工经历和婚龄对其经济发展的影响十分显著。具体表现为：教育程度越高，农村已婚女性的个人年收入越高，相比较于小学及以下水平，高中及以上水平的收入显著提高了1.04倍，并且随着教育程度的提高，农村已婚女性的职业为非农的可能性也大大提升，相较于小学及以下的农村已婚女性，初中和高中及以上的为非农的可能性分别提高了2.56倍和8.33倍；在打工经历上，相较于没有打工经历的农村已婚女性，有打工经历的个人年收入、为非农职业的可能性以及打工时长分别增加了8.33倍、3.94倍和29.96倍，这说明打工经历对农村已婚女性的经济发展状况至关重要。

从社区因素上来看，村人均年收入水平与农村已婚女性的职业和打工时长显著相关，但是距镇政府的距离与经济发展状况的三个维度均没有关系，主要表现为：在人均收入较高的村中，已婚女性的职业多为非农，其比低人均收入村农村已婚女性的非农职业比例多出 1.48 倍；在打工时长上，人均收入较高的村中已婚女性也比人均收入低的村子的农村已婚女性的打工时长高出 2.75 倍。

第六章　农村婚姻迁移女性的健康状况研究

生理健康和心理健康是健康状况的两个重要方面，对移民群体的生存发展十分重要，大多数学者对流动人口和移民群体中女性健康状况（生殖状况和妇科疾病等方面）进行了研究，但对婚姻迁移女性健康状况的研究较少，而且从心理健康和生理健康两方面进行研究的更少，为本书的研究留下了一定的研究空间。本书将从婚姻迁移女性的健康状况着手，从心理健康和生理健康两方面，力求通过研究健康自评、妇科疾病、抑郁度三个维度了解婚姻迁移女性的健康状况。

本章基于对一般移民群体和婚姻迁移女性健康状况的研究，主要从婚姻迁移模式角度，研究其对农村婚姻迁移女性健康状况的影响，从心理健康和生理健康两方面来进行论述。其中，心理健康通过抑郁度来衡量，生理健康通过妇科病和健康自评两方面来衡量，引入比较的视角，研究婚姻迁移女性和本地已婚女性健康状况的差异。首先，分别从抑郁度、健康自评和妇科病三个方面对农村婚姻迁移女性的健康状况进行描述性分析；其次，基于女性的人口特征和差异性，建立了农村婚姻迁移女性健康状况影响的分析框架，讨论模型的变量设计与分析方法；最后，通过女性人口特征和差异性，分别从心理健康和生理健康的不同维度对农村婚姻迁移女性的福利状况进行回归分析。

第一节　农村婚姻迁移女性与本地女性的健康状况差异

本章主要研究农村婚姻迁移女性的健康状况，主要从心理健康和生理健康两方面来分析。移民群体在进入一个新的生活区域后，必然面临着心理健康、生理健康、婚姻行为等诸多问题。而健康有助于获取更多的就业机会，是其他人力资本的载体[①]，移民群体健康福利的研究多集中在其健康自评、所患疾病和健康投资水平上。[②] 本章在已有研究的基础上，从心理健康和生理健康两个方面来研究农村婚姻迁移女性的健康状况。

生理健康主要包括两个方面，健康自评和妇科病。健康自评通过问题“您对自己的健康状况评价”来测量，答案采用五级“优秀、良好、一般、较差、差”，答案分别赋值为“5、4、3、2、1”，得分越高，表明身体状况越好。妇科疾病主要通过“您是否患有妇科疾病”进行测量，将选项合并为“否”和“是”两类。通过T检验，比较本地已婚女性和婚姻迁移女性生理健康福利的差异性。

心理健康角度主要从抑郁度方面着手，抑郁度是测量心理福利的负向指标，能够反映农村婚姻迁移女性的心理健康福利现

① 苑会娜：《农村已婚女性的流动与留守》，《人口与经济》，2009年第3期。

② 韦艳、吴莉莉、张艳平：《农村婚姻迁移女性生活福利研究》，《青年研究》，2014年第6期。

状。[①] 抑郁度是通过采用拉德洛夫改进的 CESD 量表来进行测量，采用 5 级李克尔量表，共八道题，正负向各四道，正向问题赋值"4、3、2、1、0"，负向问题赋值"0、1、2、3、4"，总体得分在 0—32 分，得分越高，表明抑郁程度越严重，心理健康福利越差。通过 T 检验，比较本地已婚女性和婚姻迁移女性心理健康福利的差异性。结果如表 6—1 所示：

表 6—1　农村已婚女性的健康福利现状

	总　体		迁出地		均衡地		迁入地	
	婚迁	本地	婚迁	本地	婚迁	本地	婚迁	本地
生理健康	1064	1122	461	518	220	222	383	382
健康自评	2.06	2.16***	2.12	2.28	2.05	2.14*	1.98	2.01+
患妇科病	44.7	47.8**	50.2	56.6**	43.4	36.0**	38.8	43.0*
心理健康	1057	1112	459	509	220	222	378	381
抑郁度	10.29	10.10	10.73	10.43**	10.25	9.77**	9.77	9.86

注：*** $p<0.001$；** $p<0.01$；* $p<0.05$；+ $p<0.10$。
数据来源：2014 年"婚姻迁移模式对农村女性发展的影响研究"调查。

由表 6—1 可知，总体上婚姻迁移女性的健康自评（2.06）明显低于本地已婚女性（2.16），妇科病患病率方面，本地已婚女性患病率（47.8%）却明显高于婚姻迁移女性（44.7%）。在不同区域中，均衡地的婚姻迁移女性的健康自评明显低于本地已婚女性，而在婚姻迁入地与迁出地这一现象不明显；妇科病患病率方面，迁入地、迁出地、均衡地的本地已婚女性和婚姻迁移女性

① RadloffL.S.: The CES-D Scale: A self-report Depression Scale for Research in the General Population. Applied Psychological Measurement, 1977（3）.

都存在显著差异，表现为在迁出地和迁入地本地已婚女性的妇科病患病率（56.6%和43.0%）均大于婚姻迁移女性的妇科病患病率（50.2%和38.8%），而在均衡地，婚姻迁移女性的妇科病患病率（43.4%）明显大于本地已婚女性的妇科病患病率（36.0%）。

总体上婚姻迁移女性的抑郁度（10.29）和本地已婚女性的抑郁度（10.10）没有显著差异。从不同的区域来看，婚姻迁出地和均衡地的本地已婚女性的抑郁度（分别为10.43和9.77）明显低于婚姻迁移女性的抑郁度（分别为10.73和10.25），在迁入地，这一指标在本地已婚女性和婚姻迁移女性之间没有显著的差异。

第二节　影响因素研究模型设计

本节主要研究农村婚姻迁移女性健康状况的影响因素，主要基于婚姻迁移模式和个人因素对婚姻迁移女性的健康状况从心理和生理两个方面进行分析，本章采用的总样本容量为1086人，其中婚姻迁移女性529人，本地已婚女性557人，分别占总样本量的48.7%和51.3%。

本节的研究目标主要是以下两个方面：1. 分析婚姻迁移模式对农村女性整体样本的健康状况的影响；2. 分析婚姻迁移女性和本地已婚女性的健康状况的差异性。

本节主要通过分层线性模型（HLM）来分析通婚圈、婚姻匹配、个人因素以及社会经济因素对农村已婚女性健康状况的影响机制，将分别从心理健康和生理健康两方面来进行回归分析。

分层线性模型可以用来处理出现的嵌套式非独立数据结构，

在研究农村已婚女性的过程中，我们假设的是每一个农村已婚女性都生活在同一个地域范围内（村），就是每一个样本都嵌套在村级结构里，因此，所有的样本不是独立的，同村之间的农村已婚妇女的相关关系受到地域的影响，同村的样本可能比不同村的样本之间更加接近或相似。

由于抑郁度是衡量心理健康的重要指标，而妇科病和健康自评是衡量生理健康的重要指标，因此我们选用“抑郁度”指标来衡量农村已婚女性的心理健康状况；用“妇科病”和“健康自评”来衡量农村已婚女性的生理健康状况。将他们分别作为因变量。抑郁度用问卷中的拉德洛夫改进的CESD量表来进行测量，[①] 共八道题，赋值加总得出分值，为连续型变量；“妇科病”用“您目前是否有妇科疾病”来衡量，分为二分类变量，将“有”定义为“有妇科疾病”，其他选项定义为“没有妇科疾病”分别赋值为“1”和“0”；健康自评用“您认为您健康状况如何”来衡量，答案采用五级“优秀、良好、一般、较差、差”，答案设为二分类，将“优秀、良好”设为“好”，“一般、较差、差”设为“差”，分别赋值为“1”和“0”。

自变量包括婚姻匹配与通婚圈，控制变量包括个人因素和社会经济因素，婚姻匹配包括教育匹配、家庭经济匹配和收入匹配；个人因素包括地区、教育水平、职业、收入、打工经历、婚龄；社会经济因素包括村民年人均纯收入水平和本村距离镇里的远近程度，具体如下：

1. 婚姻匹配。教育匹配中分别将夫妻双方的教育程度划分为

---

① Radloff, L.S.: The CES-D Scale: A self-report Depression Scale for Research in the General Population. Applied Psychological Measurement, 1977 (3).

“小学以下”“初中”“高中以上”，并对此进行夫妻教育匹配，并分为三类：“丈夫教育程度高于妻子”，“丈夫教育程度低于妻子”和“丈夫教育程度等于妻子”；家庭经济分为三类，运用“您的家庭经济状况与丈夫家的经济状况相比”来衡量：“好很多”“好一些”定义为“丈夫家庭经济状况低于妻子”，结果为“差一些”和“差很多”定义为“丈夫家庭经济状况高于妻子”，结果为“相当”定义为“丈夫家庭经济状况等于妻子”；收入匹配分为三类，选取“您个人的收入与丈夫的收入相比”来衡量，结果为“好很多”“好一些”定义为“丈夫收入低于妻子”，结果为“差一些”和“差很多”定义为“丈夫收入高于妻子”，结果为“相当”定义为“丈夫收入等于妻子”；年龄匹配分为三类：“丈夫年龄大于妻子”“丈夫年龄小于妻子”，“丈夫年龄等于妻子”。

2. 通婚圈。通婚圈利用问题“与您丈夫相比，您来自什么地方”来测量，设为二分类变量：本省以内通婚和省际通婚，分别赋值“1”和“0”。

3. 个人因素。个人因素包括地区、教育程度、收入、职业、婚龄、歧视和方言掌握。受教育程度设为三分类变量，即教育程度为“小学及以下”“初中”“高中及以上”，分别赋值“0”“1”和“2”；收入取对数；职业设为“非农”和“农业”，分别赋值“0”和“1”；打工经历设为二分类，分为“无”和“有”，分别赋值“0”和“1”；婚龄为连续变量。方言掌握设为二分类：“差”和“好”分别赋值为“0”“1”，还有歧视设为二分类：“有”“无”，分别赋值为“1”“0”。

4. 社区因素。村民年人均纯收入水平和本村距离镇里的远近程度。这些变量均作为二分类变量引入模型中。当地村民年人均纯收入状况以全体调查人群回答的金额数的平均数（10484.42

元）为分界点，因此将小于 10484.42 元的为低水平，反之为高水平；本村距离镇里的远近程度以 5 公里为分界点，小于和等于 5 公里的为近距离，大于 5 公里的为远距离。具体变量设置如表 6—2：

分析方法：分层模型

层 1 模型：健康状况 = β_0 + β_1（教育匹配）+ β_2（年龄匹配）+ β_3（收入匹配）+ β_4（家庭经济匹配）+ β_5（通婚圈）+ β_6（方言掌握）+ β_7（歧视）+ β_8（打工经历）+ β_9（婚龄）+ β_{10}（职业）+ β_{11}（收入水平）+ β_{12}（受教育程度）+ Υ_1

层 1 模型的含义是表示健康状况为婚姻匹配、通婚圈、个人因素的函数。这些影响因素直接对健康状况产生影响，因此放在第一层，健康状况是因变量，β_0 是截距项，β_i 是各自的斜率。Υ_1 是第一层随机项。

层 2 模型：

$\beta_0 = G_{00} + G_{01}$（村人均收入）+ G_{02}（距镇政府水平）+ U_0

$\beta_i = G_{i0}$（i=1、2、3……12）

层 2 模型的含义是：层 1 中的截距项 β_0 是村民人均收入水平，距离镇里的距离远近的函数，其中 G_{00} 是截距项，G_{01} 和 G_{02} 分别是村民人均收入水平，距离镇里的远近程度，U_0 代表随机项。

表 6—2　分层线性回归分析的变量描述性统计信息

	变　量	赋值	均值	标准差
因变量	抑郁度	连续变量	10.29	9.32
	妇科病（否）是	(0) 1	0.86	0.35
	健康自评	连续变量	2.16	1.97

续表

	变　量	赋值	均值	标准差
自变量	**教育匹配**（妻子低于丈夫）	(0)		
	夫妻教育程度相当	1	0.56	0.42
	妻子高于丈夫	2	0.14	0.57
	年龄匹配（妻子低于丈夫）	(0)		
	夫妻年龄相当	1	0.15	0.36
	妻子高于丈夫	2	0.16	0.53
	家庭经济匹配（妻子家庭低于丈夫家庭）	(0)		
	夫妻家庭经济相当	1	0.52	0.30
	妻子家庭高于丈夫家庭	2	0.24	0.46
	收入匹配（妻子低于丈夫）	(0)		
	夫妻收入相当	1	0.53	0.38
	妻子高于丈夫	2	0.22	0.41
	通婚圈（本省）省际	(0) 1	0.52	0.50
控制变量	**方言掌握程度**（差）好	(0) 1	0.84	0.37
	歧视（无）有	(0) 1	0.20	0.40
	打工经历（无）有	(0) 1	0.66	0.47
	婚龄	连续变量	13.55	9.17
	职业（非农）农业	(0) 1	0.62	0.34
	收入水平（Ln）	连续变量	9.82	5.73
	受教育程度（小学及以下） 初中 高中及以上	(0) 1 2	— 0.37 0.32	— 0.44 0.47
	社区距镇政府距离（≤5 公里）>5 公里	(0) 1	0.40	0.49
	人均收入水平（低水平）高水平	(0) 1	0.28	0.45

第三节　空间迁移和社会迁移模式对农村女性健康产生的影响

本节采用分层线性模型回归方法，分析婚姻迁移女性健康状况的影响因素，分别从心理健康和生理健康两个方面进行分析。以通婚圈、教育匹配、年龄匹配、家庭经济匹配和收入匹配为自变量，建立模型，研究婚姻迁移女性在健康状况方面的各影响因素的显著性。结果如下表6—3所示：

表6—3　婚姻迁移女性健康状况的影响因素分层回归

	健康状况		
	抑郁度	妇科病	健康自评
固定效应			
层1截距	97.27***	1.57***	2.14***
社区因素			
村民人均收入水平（低）高	0.44*	0.95+	5.58*
社区距镇政府距离（≤5公里）＞5公里	0.76	1.03	1.01
通婚圈（本省及以内）省际	1.16*	0.96	0.99
教育匹配（妻子低于丈夫）			
夫妻教育程度相当	0.82*	1.04	1.07
妻子高于丈夫	0.73**	1.13	1.30
年龄匹配（妻子低于丈夫）			
夫妻年龄相当	1.48*	1.03	1.01
妻子大于丈夫	1.72	1.17	1.42*
家庭经济匹配（妻子家庭低于丈夫家庭）			
夫妻家庭经济相当	0.77	1.02	2.61
妻子家庭高于丈夫家庭	0.73	1.03	3.42*
收入匹配（妻子低于丈夫）			
夫妻收入相当	1.07+	1.32	1.19+
妻子高于丈夫	1.35	1.02	2.77*
方言掌握（差）好	1.27	1.04	0.98
歧视（无）有	0.95	0.77	0.98
收入	0.63*	1.02	1.06***

续表

	健康状况		
	抑郁度	妇科病	健康自评
教育程度（小学及以下）			
初中	0.69**	0.30**	5.05**
高中及以上	0.56***	0.36***	6.23***
打工经历（无）有	1.79***	1.04	1.03
婚龄	1.38	1.54***	4.01*
随机效应			
随机项	4.14	3.42	3.10
层 1 截距项的信度估计	0.790	0.681	0.582
村样本数	228		
个人样本数	1086		

注：*** 表示 p<0.0001；* 表示 p<0.05；+ 表示 p<0.1；变量一列的括号内为参照项。
数据来源：2014 年“婚姻迁移模式对农村女性发展的影响研究”调查。

从空间迁移模式（通婚圈）来看，通婚圈对于婚姻迁移女性的心理健康产生了显著影响，但是对于婚姻迁移女性的生理健康没有显著影响，同时婚姻迁移距离对于农村已婚女性的生理健康没有显著的地域差异。具体表现为：相比较于本省以内迁移的女性，进行省际婚姻迁移的女性抑郁度明显高了 1.16 倍。

社会迁移模式（婚姻匹配）中，教育匹配、年龄匹配和收入匹配对农村已婚女性的心理健康有显著影响，而收入匹配、家庭经济匹配和年龄匹配则在生理健康上对农村已婚女性影响显著，对生理健康的影响主要体现在健康自评上。具体表现为：首先在心理健康上，妻子教育程度越高于丈夫，其抑郁度下降越明显，与妻子教育程度低于丈夫相比，其教育程度相当或者高于丈夫时，抑郁度分别下降了 82% 和 73%。妻子与丈夫年龄相当时，其抑郁度会比妻子小于丈夫时增加 1.48 倍，但是随着妻子年龄大于丈夫，这一现象反而变得不显著。妻子与丈夫收入相当时，其抑郁度会比妻子小于丈夫时增加 1.07 倍。在生理健康方面，相比妻子年龄小于丈夫，当妻子年龄大于丈夫时，妻子健康自评显著提高 1.42 倍。当妻子家庭经济状况好于丈夫家时，其健康自评也比妻子家庭经济状况低于丈夫家显著高 3.42 倍。当妻子收入高于丈夫时，其健康自评也较高，这有可能是妻子在家中的经济权力越大，其对于自身的健康投资越大，从而健康自评较好。

从个人因素上和社区因素来看，教育程度、收入和打工经历分别对农村已婚女性的心理健康产生了显著影响，具体表现为：收入水平越高，农村已婚女性的抑郁度越低。教育程度越高，农村已婚女性的抑郁度越低，相比较于小学及以下教育水平的农村已婚女性，初中和高中以上的农村已婚女性的抑郁度分别下降了 69%和 56%倍。相比较于没有打工经历的农村已婚女性，有打工经历的农村已婚女性的抑郁度高出 1.79 倍，这可能是由于有打工经历的农村已婚女性要面临更大的来自于工作的压力，从而造成了抑郁度较高；收入、教育程度和婚龄对农村已婚女性的生理健康有显著的影响，其中，教育程度和婚龄对于农村已婚女性的妇科病和健康自评均有影响，而收入水平仅仅对农村已婚女性的健康自评有显著影响，具体表现为：收入水平越高，农村已婚女性的健康自评越好。教育程度越高，农村已婚女性的健康自评越好，相比较于小学及以下文化程度的，初中和高中及以上的农村已婚女性的健康自评显著提高了 5.05 倍和 6.23 倍。婚龄越长，其健康自评越好，农村已婚女性的收入水平越高，健康自评越好；在妇科病患病上，教育程度越高，妇科病患病可能性越小，相比较于小学及以下文化程度的，初中和高中以上的农村已婚女性的妇科病患病率显著降低了30%和36%，这可能是由于教育水平的提高引起了农村已婚妇女对自身妇科病的重视；而婚龄越长，农村已婚女性患妇科病的概率越大，这可能由于婚龄时间越长的女性，身体机能下降加上各种诱发疾病的原因增多导致妇科病患病可能性增大；社区因素方面，高人均收入村子农村已婚妇女的健康自评比低人均收入村子高5.58倍，但是距离镇政府远近程度对农村女性的健康状况没有明显的影响。

第七章　农村婚姻迁移女性的社会融合研究

行为和心理反映了移民在主流社会的客观生活现实和主观融合意愿，而现实和意愿是移民社会融合的两个层次，[①] 目前国内移民社会融合研究多是从不同维度进行的，对行为融合和心理融合进行全面分析的研究比较欠缺，而客观生活现实对主观融合意愿的影响研究更是少见。

本章基于已有农民工和婚姻迁移女性社会融合的研究，从客观生活现实和主观意愿即行为融合和心理融合两个层面来分析婚姻迁移女性社会融合现状。首先，分别对农村婚姻迁移女性的行为融合和心理融合现状进行分析；其次，基于迁移模式、社会网络因素、社区因素及其他因素建立农村婚姻迁移女性的社会融合影响的分析框架，在提出有关假设的基础上，讨论了模型的变量设计与分析方法；最后，对农村婚姻迁移女性社会融合产生影响的各因素进行多层线性模型分析。

---

① 李树茁、任义科、靳小怡、费尔德曼：《中国农民工的社会融合及其影响因素研究》，《人口与经济》，2008 年第 2 期。

第一节 农村婚姻迁移女性的社会融合情况

本章从客观和主观两个层面研究婚姻迁移女性的社会融合。行为融合是反映婚姻迁移女性社会融合的客观指标，行为融合强调人际间社会互动的频率和强度，互动的频率和强度越高，社会融合的水平也越高；杨菊华认为人际交往、社区参与等指标都可以衡量行为融合。① 心理融合是指个体与其他文化群体的实际接触所导致的心理与行为上的变化，是移民群体逐渐在心理上对迁入地社会成员身份的认同，并建立起对迁入地社会的归属感，心理融合的实现，足以说明移民已经逐渐融入主流社会。本章主要分析农村婚姻迁移女性的社会融合现状及影响因素分析。首先，通过比较不同迁移类型人群的社会融合差异，深入了解农村婚姻迁移女性的行为和心理融合现状。其次，基于迁移模式、社会支持因素及个人因素建立农村婚姻迁移女性的社会融合影响的分析框架，在提出有关假设的基础上，讨论了模型的变量设计与分析方法；最后，对农村婚姻迁移女性社会融合产生影响的各因素进行多层线性模型。

行为融合是指移民不仅理念上认同，而且在行为上能够按照迁入地主流社会认可的规矩和习俗办事，是移民在迁入地是否融合及融合程度的显性指标，② 本节用社区参与及人际交往这两个指标来反映婚姻移民在迁入地的行为融合。其中社区参与利用问题“对于团体（如村委会或单位等）组织的活动，您是否参与?”来测度，答案为二分类：“不参与”和“参与”；人际交往利用问题“您现在经常到邻居家串门或出去和村里人聊天吗?”来测量，

---

①② 杨菊华：《从隔离、选择融入到融合：流动人口社会融入问题的理论思考》，《人口研究》，2009 年第 1 期。

设为二分类：将答案“几乎不”视为交往不频繁，将“有时”和“经常”视为交往频繁。

心理融合是移民在心理和情感上对迁入地社会成员的身份和归属的认同上发生变化的现象。[①] 婚姻迁移女性作为一种特殊移民，其主观融合意愿对于女性自身的社会融合有关键作用。借鉴已有农民工社会融合的研究，本章用身份认同和归属感两个指标来测量婚姻移民的心理融合。其中身份认同利用题项“您觉得您现在是本地人”来测度，答案设为二分类，即“身份认同”和“不认同”；归属感利用题项“如果离开本地，会感到留恋”来测度，答案设为二分类，即“归属感强”和“归属感弱”。表7—1给出了婚姻迁移女性行为和心理融合的现状。

表7—1　农村女性社会融合现状

（单位：%）

	总体		迁出地		均衡地		迁入地	
	婚迁	本地	婚迁	本地	婚迁	本地	婚迁	本地
行为融合								
社区参与	（1157）	（1115）	457	513	105	98	383	381
（不参与）参与	74.6	77.7	76.6	81.9	73.9	73.8	72.6	74.3
人际交往	（1057）	（1115）	457	513	105	98	383	381
（不频繁）频繁	85.8**	89.8**	88.8*	92.6*	83.9	88.2	83.3	86.9
心理融合								
身份认同	1057		456		218		383	
（不认同）认同	75.2	—	72.1	—	78.4	—	77.0	—
归属感	1057		456		218		383	
（弱）强	76.8	—	76.5	—	77.1	—	77.0	—

注：*** 表示 $p<0.0001$；* 表示 $p<0.05$；+ 表示 $p<0.1$。

数据来源：2014年“婚姻迁移模式对农村女性发展的影响研究”调查。

① 悦中山、李树茁、费尔德曼：《农民工社会融合的概念建构与实证分析》，《当代经济科学》，2012年第1期。

首先，比较分析婚姻迁移女性和本地已婚女性在社区参与和人际交往上的差异；其次，分别对迁入地、迁出地和均衡地的两种不同迁移类型的农村女性进行了比较分析。由表7—1可知，在总体样本中，74.6%的婚姻迁移女性会积极参加社区组织的活动，迁出地、均衡地和迁入地积极参与社区活动的婚姻迁移女性分别占76.6%、73.9%和72.6%，该比例均低于本地已婚女性，但与均衡地和迁入地相比，迁出地的差异性比较显著。在人际交往方面，总体样本中有85.8%的婚姻迁移女性与当地人的人际交往比较频繁，迁出地、均衡地和迁入地分别有88.8%、83.9%和83.3%的婚姻迁移女性能与当地人较频繁地交往，总体上呈现强显著的差异性，且在婚姻迁出地区，同样存在显著的差异性。对婚姻迁移女性和本地已婚女性样本的比较分析发现，婚姻迁移女性社区参与的比例与本地已婚女性相比并没有显著差异。在人际交往频率上，婚姻迁移女性的交往频率显著低于本地已婚女性的交往频率，且在迁出地也存在这种显著性差异。

由表7—1还可以看出，75.2%的婚姻迁移女性比较认同自己本地人的身份；且在婚姻迁出地、均衡地和迁入地的样本中，分别有72.1%、78.4%和77.0%的婚姻迁移女性比较认同本地人身份。在对主流社区的归属感上，有76.8%的婚姻迁移女性对主流社区的归属感较强，且在婚姻迁出地、均衡地和迁入地中，分别有76.5%、77.1%和77.0%的婚姻迁移女性对主流社区有着较强的归属感。

总体上来讲，婚姻迁移女性在主流社会的社会融合状态有所好转，“弱势地位”的现象显著弱化，在客观行为上，婚姻迁移女性的社区参与与本地已婚女性并没有显著的差异，人际交往上虽存在一定的差异，但整体融合度比较高，八成以上的婚姻迁移女性均能与当地居民进行频繁的人际交往。在主观心理上，婚姻迁移女性的心理融合度并不是很高，仍需引起相关部门及主流社区的关注，只有深入了解婚姻迁移女性在主流社区的心理融合程度及影响因素，才能更好为促进婚姻移民的社会融合，下一节将进一步对婚姻迁移女性社会融合的影响机制进行深入研究。

第二节　影响因素研究模型设计

本节主要研究农村婚姻迁移女性社会融合的影响因素，基于婚姻迁移模式、社会支持网及个人因素对婚姻迁移女性社会融合的影响分析。本章运用分层线性模型分析，研究内容主要分为两个部分：第一部分是考察社会支持网及迁移模式对婚姻迁移女性社会融合的影响。第二部分是考察社区因素对婚姻迁移女性社会融合的作用。剔除了缺失值之后，本章采用的婚姻迁移女性样本量为919份，村级样本量为240份。

本节研究目标主要有以下几方面：1.分析空间迁移模式（通婚圈）对农村女性社会融合现状的影响；2.分析社会支持网络规模和关系构成（弱关系）对婚姻迁移女性社会融合的影响；3.考察社区因素对农村婚姻迁移女性社会融合的影响机制。

由于社会融合不仅受到个人层面因素的影响，还受到个人所在社区环境的影响，所以本章把每个个体嵌套于相应各个社区中，采用分层线性模型分析社会融合的影响因素。分层模型框架与一般的分析有所不同，其层际作用关系并不表现为上层变量值影响下层变量值，而是直接体现在上层变量影响下层变量与因变量（即结果变量）之间的关系，即影响各个系数的取值大小和方向。[①] 因此本章建立以下模型：

层 1 考察了空间迁移模式（通婚圈）和社会迁移模式（婚姻匹配）等因素对婚姻迁移女性社会融合的影响。当不考虑社区影响时，分析通婚圈和婚姻匹配及个人层面上的网络规模、网络关系对社会融合的影响；考虑层 2 中的变量时，实际上是考虑第 2 层变量对层 1 方程中的截距项的影响。

层 1：社会融合 = $\beta_0 + \beta_1$（通婚圈）+β_2（教育匹配）+β_3（家庭经济匹配）+β_4（社会支持网）+β_5（方言掌握程度）+β_6（歧视）+ β_7（教育程度）+β_8（职业）+β_9（打工经历）+β_{10}（收入）+β_{11}（婚龄）+ R；

层 2：$\beta_0 = G_{00} + G_{01}$（人均收入）+ G_{02}（社区距镇政府距离）；

$\beta_i = G_{i0}$（i = 1、2……11）。

第三节　空间迁移模式对农村女性社会融合的影响

通婚圈的变化反映出婚姻交换的变化，不仅直接影响到男女双方的结合，还会影响到婚姻移民在新家庭建立后的融合情况，影响到婚姻家庭关系的维系，因此，本章的研究中，将通婚圈作为一个重要自变量，考察通婚距离即空间迁移模式对农村女性自

① 郭志刚：《对 2000 年人口普查出生性别比的分层模型分析》，《人口研究》，2007 年第 3 期。

身发展的影响。

社会支持网络作为一种社会资本，对移民群体在迁入地的社会融合具有积极作用，本章借鉴 Van der Poel 的分类，将对农村女性的实际支持网、情感支持网和社交支持网分别从网络规模（成员数目）和网络关系构成（弱关系）两方面来考察其对农村婚姻迁移女性社会融合的影响。[①] 表 7—2 给出了分层模型中各变量的信息描述。

本节的因变量为社会融合，其中行为融合用社区参与和人际交往来测度。社区参与设为二分类：不参与和参与，分别赋值“0”和“1”；人际交往设为二分类：不频繁和频繁，分别赋值“0”和“1”；心理融合用身份认同和归属感来测度。身份认同设为二分类，即身份不认同和认同，分别赋值“0”和“1”；归属感设为二分类，即归属感弱和强，分别赋值“0”和“1”。主要自变量为通婚圈、婚姻匹配。通婚圈利用问题“与您丈夫相比，您来自什么地方？”来测量，设为三分类变量：本县及以内、本省及以内通婚和省际通婚，分别赋值“0”“1”和“2”。婚姻匹配包括自致性的教育匹配和先赋性的家庭经济匹配，其中教育匹配为三分类：妻子教育低于丈夫教育、夫妻教育程度相当、妻子教育高于丈夫教育，分别赋值“0”“1”“2”；家庭经济匹配为三分类：妻子家庭经济低于丈夫家庭经济、夫妻家庭经济相当、妻子家庭经济高于丈夫家庭经济，分别赋值“0”“1”“2”。

---

① Van Del Poel. : Delineating Personal Support Network. Social Forces, 1993（1）.

表 7—2　分层线性回归分析的变量描述性统计信息

	变　量	赋值	均值	标准差
因变量	社区参与（不参与）参与	(0) 1	0.75	0.43
	人际交往（不频繁）频繁	(0) 1	0.86	0.35
	归属感（弱）强	(0) 1	0.77	0.42
	身份认同（不认同）认同	(0) 1	0.75	0.43
自变量	通婚圈（本省）省际	(0) 1	0.52	0.50
	教育匹配（妻子低于丈夫）	(0)		
	夫妻教育程度相当	1	0.54	0.51
	妻子高于丈夫	2	0.18	0.37
	家庭经济匹配（妻子家庭低于丈夫家庭）	(0)		
	夫妻家庭经济相当	1	0.52	0.50
	妻子家庭高于丈夫家庭	2	0.23	0.40
控制变量	实际支持网弱关系（无）有	(0) 1	0.92	0.26
	情感支持网弱关系（无）有	(0) 1	0.91	0.28
	社交支持网弱关系（无）有	(0) 1	0.95	0.22
	方言掌握程度（差）好	(0) 1	0.83	0.37
	歧视（无）有	(0) 1	0.19	0.40
	教育程度（小学及以下）	(0)		
	初中	1	0.39	0.49
	高中及以上	2	0.30	0.46
	职业（农业）非农业	(0) 1	0.72	0.45
	收入（ln）	连续变量	8.77	2.84
	打工经历（无）有	(0) 1	0.67	0.47
	婚龄	连续变量	13.60	9.71
	人均收入水平（低水平）高水平	(0) 1	0.28	0.45
	社区距镇政府距离（≤ 5 公里）＞ 5 公里	(0) 1	0.40	0.49

注：变量一列的括号内为参照项。

数据来源：2014 年“婚姻迁移模式对农村女性发展的影响研究”调查。

控制变量为社会支持网及个人经济文化特征。本章借鉴 Van der Poel 的分类，考察农村女性的实际支持网、情感支持网和社交支持网中的关系，其中弱关系指各个支持网络中邻居和朋友这两类后致资源，为二分类：无和有，分别赋值“0”和“1”。个人经济文化特征包括地区、教育程度、收入、职业、婚龄。地区为三分类：迁出地、均衡地和迁入地，分别赋值“0”“1”和“2”；受教育程度设为三分类变量，即教育程度为小学及以下、初中、高中及以上，分别赋值“0”“1”和“2”；收入是指个人年收入，取对数；职业设为农业和非农业，分别赋值“0”和“1”；打工经历利用问题“您婚后是否打工”来测度，设为二分类，分为无和有，分别赋值“0”和“1”；婚龄利用受访者的结婚时间来测度，设为连续变量。相关变量介绍及基本信息描述见表 7—2。

本节分析中，主要采用 HLM 分层线性模型分析通婚圈、婚姻匹配、社会支持网、个人经济文化特征因素及社区因素对农村婚姻迁移女性社会融合的影响。首先，研究空间迁移模式对农村婚姻迁移女性社会融合的影响，考察通婚距离对农村婚姻迁移女性社会融合的影响；其次，研究社会迁移模式对婚姻迁移女性社会融合的影响，考察不同婚姻匹配类型对农村女性社会融合的影响；最后，考虑控制变量及个体所在社区的影响，建立 HLM 模型，具体分析结果见表 7—3。

由表 7—3 可知，通婚圈作为一种空间迁移模式，对农村婚姻迁移女性的行为融合有显著影响，即通婚距离的远近会影响婚姻迁移女性的客观行为，省际通婚的女性在人际交往上比本省及省内通婚的婚姻迁移女性较为频繁，且呈显著性差异。但通婚距离的远近对农村婚姻迁移女性的心理融合没有显著影响，省内通婚和省际通婚的婚姻迁移女性在主流社会的身份认同和归属感没有显著差别，这在一定程度上可以反映远距离通婚并未造成婚姻迁移女性在心理上的弱势性。

婚姻匹配作为一种社会迁移模式，对婚姻迁移女性的社会融合并未产生显著影响。无论是夫妻双方的相对教育资源还是双方家庭经济地位的差异，均未对婚姻迁移女性的社区参与、人际交往、身份认同和归属感产生显著的负面影响，这在一定程度可以反映出夫妻双方之间的相对资源并不影响农村婚姻迁移女性在主流社会的行为参与和主观感受，而农村婚姻迁移女性在社会融合过程中，更多的是受到个人因素的影响，进一步证实了中国传统的先赋性婚姻匹配模式逐渐弱化的结论。

社会支持网中的弱关系资源，对婚姻迁移女性的行为融合有显著的积极影响，具体表现为：实际支持网中拥有弱关系的支持将婚姻迁移女性的社区参与率显著提高8%。情感支持网中的弱关系能将婚姻迁移女性的社区参与和人际交往频率显著提高17%和15%，这说明情感支持网中，拥有邻居和朋友等资源，能够加快婚姻迁移女性在主流社会的行为融合；然而情感支持网中的弱关系对婚姻迁移女性的心理融合有负面作用，当婚姻移民的情感需要帮助时，邻居和朋友这些关系资源并未表现出帮助和支持的作用，反而将婚姻迁移女性的身份认同和归属感显著降低了3%和9%，不利于婚姻移民的心理融合。

表7—3 婚姻迁移女性社会融合的影响因素分层回归

	行为融合		心理融合	
	社区参与	人际交往	身份认同	归属感
固定效应				
层1截距	1.04***	1.03***	1.02***	1.03***
社区因素				

续表

	行为融合		心理融合	
	社区参与	人际交往	身份认同	归属感
村民人均收入水平（低）高	0.96	0.96	1.07	1.04
社区距镇政府距离（≤5公里）>5公里	1.04	1.02	0.97	0.95
通婚圈（本省）省际	1.08*	1.07+	0.97	0.98
教育匹配（妻子低于丈夫）				
夫妻教育程度相当	0.88	1.25	1.09	0.97
妻子高于丈夫	0.91	0.93	1.03	1.01
家庭经济匹配（妻子家庭低于丈夫家庭）				
夫妻家庭经济相当	1.12	1.09	1.04	1.03
妻子家庭高于丈夫家庭	1.07	1.07	1.03	1.02
实际支持网弱关系（无）有	1.08*	0.99	1.08	0.98
情感支持网弱关系（无）有	1.19*	1.16*	0.97+	0.91*
社交支持网弱关系（无）有	0.90	0.93	0.95	1.04
教育程度（小学及以下）				
初中	0.99	1.02	1.03	0.99
高中及以上	1.07	0.91	1.03	0.96
方言掌握（差）好	1.12*	1.09+	1.39**	1.23**
歧视（无）有	1.01	0.99	0.90+	0.87*
职业（农业）非农业	1.01	1.01	0.97	1.04
收入（Ln）	1.09	0.99	0.99	1.01
打工经历（无）有	0.98	0.96	0.97	0.98
婚龄	1.03**	1.02***	1.02**	1.05***
社区参与（不参与）参与	—	—	0.01	1.07*
人际交往（不频繁）频繁	—	—	1.15*	1.01
随机效应				
随机项	1.39	1.34	1.45	1.45
层1截距项的信度估计	0.596	0.443	0.486	0.471
村样本数	239			
个人样本数	921			

注：*** 表示 $p<0.0001$；* 表示 $p<0.05$；+ 表示 $p<0.1$。

数据来源：2014年“婚姻迁移模式对农村女性发展的影响研究”调查。

个人文化特征因素方面，教育、收入、婚龄、歧视及对方言的掌握程度均对婚姻迁移女性的社会融合有显著影响。在客观行为的融合中，教育程度越高，人际交往频率越低，且与小学及以下教育程度的婚姻迁移女性相比，呈显著性差异；收入越高的婚姻迁移女性社区参与率也显著较高；婚龄越长，婚姻迁移女性在主流社会的社区参与率和人际交往频率越高，行为融合度较高，差异较显著；对方言掌握得越好，越有利于婚姻迁移女性在主流社会的社区参与。在主观心理的融合中，对主流社会的方言掌握得越好，越有利于婚姻迁移女性本地人身份的认同，对主流社区的归属感也越强烈，对婚姻迁移女性的心理融合起到了显著的正面作用；婚龄越长的婚姻迁移女性，在主流社会的客观心理融合得越好；主流社会对婚姻移民的态度也直接影响婚姻移民的心理融合，歧视的存在将婚姻迁移女性的身份认同和归属感显著降低了 90%和 87%。

社区中居民的人均收入水平及距离镇政府的远近对婚姻迁移女性的社会融合没有表现出显著影响，这在一定程度上说明，婚姻迁移女性的社会融合更容易受个人层面因素的影响，融合在不同经济发展水平的社区并不存在差异性。

表 7—3 还可以看出，婚姻迁移女性在主流社会的客观行为对其心理融合有显著影响。较频繁的人际交往能够将婚姻迁移女性的身份认同度显著提高 1.15 倍；积极参与社区活动也将婚姻移民的归属感显著提高 1.07 倍，这说明婚姻迁移女性的行为融合能够促进心理融合的实现，因此，拥有“移民”和“媳妇”双重身份的婚姻迁移女性，应多注重与当地居民的互动，建立和谐关系，积累更多本地化资本，加快实现与流入地的社会融合。

第八章　农村婚姻迁移女性的婚育行为研究

本章对农村婚姻迁移女性的婚育行为现状进行了分析，主要从初婚年龄、初育年龄以及生育子女数三个方面来测度婚姻迁移女性的婚育行为。首先，对农村婚姻迁移女性的婚育行为现状进行描述性分析；其次，基于分层模型，建立了农村婚姻迁移女性的婚育行为影响的分析框架，讨论模型的变量设计与分析方法；最后，从迁移模式考察通婚圈、婚姻匹配等因素及社区因素对农村婚姻迁移女性婚育行为的影响。

第一节　农村婚姻迁移女性的初婚初育状况

本节主要从农村女性的初婚、初育的角度来分析农村婚姻迁移女性的婚育行为，主要包括三方面：初婚年龄、初育年龄和生育子女数。初婚年龄通过被访者的出生年份和结婚时间来测度，求总体初婚年龄的均值，数值越大，表明其初婚年龄越大。初育年龄通过被访者的出生年份和第一个子女出生年份来测量，求得总体初育年龄的均值，数值越大，表明其初育年龄越大。生育子女数通过询问子女的数量来测量，用均值表示。

表 8—1　农村女性的婚育行为描述性分析

（单位：岁，个）

	总体		迁出地		均衡地		迁入地	
	婚迁	本地	婚迁	本地	婚迁	本地	婚迁	本地
初婚年龄	21.83+	21.77+	21.36	21.31	21.93	21.89	22.40*	22.38*
初育年龄	23.25*	23.18*	22.87	22.81	23.55	23.45	23.71*	23.56*
生育个数	1.51	1.63	1.53	1.72	1.56	1.61	1.46	1.51
N	798	874	329	425	166	162	303	287

注：*** 表示 $p<0.0001$；* 表示 $p<0.05$；+ 表示 $p<0.1$。
数据来源：2014 年“婚姻迁移模式对农村女性发展的影响研究”调查。

本节分析农村女性的婚育行为现状。首先，比较分析不同迁移类型人群的婚育行为现状差异性，进一步了解婚姻迁移女性的婚育行为；其次，分别考察婚姻迁出地、均衡地及迁入地的婚姻迁移女性的婚育行为，并与本地已婚女性进行比较。从表 8—1 可知，总体样本中，婚姻迁移女性的初婚年龄、初育年龄和生育个数分别为 21.83 岁、23.25 岁和 1.51 个，而本地已婚女性则分别为 21.77 岁、23.18 岁和 1.63 个，两个群体在初婚和初育年龄上呈显著性差异；两者差异为弱显著性；无论是婚姻迁出地、均衡地还是迁入地，婚姻迁移女性的初婚和初育年龄都高于本地已婚女性，且迁入地的差异性较为显著。数据显示，婚姻迁移女性的初婚、初育年龄要普遍高于本地已婚女性的初婚、初育年龄；婚姻迁移女性的生育个数普遍低于本地已婚女性的生育个数，但没有显著差异，且不同区域（迁出地、均衡地和迁入地）的婚姻迁移女性在生育子女数上与本地已婚女性也没有显著差异。

第二节　影响因素研究模型设计

基于迁移模式，本章分别从空间迁移和社会迁移两个角度展开，考察通婚圈、婚姻匹配及个人经济文化特征因素对婚姻迁移女性的婚育行为的影响。概括起来，本章主要研究以下几方面：1. 考察空间迁移模式（通婚圈）对农村婚姻迁移女性婚育行为的影响；2. 考察社会迁移模式（婚姻匹配）对婚姻迁移女性婚育行为的影响。

由于婚育行为不仅仅受到个人层面因素的影响，还受到个人所在社区环境的影响，所以本章把每个个体嵌套于相应各个社区中，采用分层线性模型分析婚育行为的影响因素。因此本章建立以下模型：

层 1：婚育行为 = β_0+β_1（通婚圈）+β_2（教育匹配）+β_3（年龄匹配）+β_4（收入匹配）+β_5（家庭经济匹配）+β_6（歧视）+β_7（教育程度）+β_8（职业）+β_9（收入）+β_{10}（打工经历）+β_{11}（年龄）+ R；

层 2：$\beta_0 = G_{00} + G_{01}$（人均收入）+ G_{02}（社区距镇政府距离）；

$\beta_{\mathrm{i}} = G_{i0}$（$i$ = 1、2、……11）。

层 1 考察了通婚圈、婚姻匹配及个人等因素对婚姻迁移女性婚育行为的影响。当不考虑社区影响时，分析个人层面上的通婚距离及婚姻匹配等因素对婚育行为的影响；考虑层 2 中的变量时，实际上是考虑第 2 层变量对层 1 方程中的截距项 β_0 的影响。

本章运用分层线性模型分析，研究内容主要分为两个部分：第一部分是考察空间及社会迁移模式对婚姻迁移女性婚育行为的影响。第二部分是考察社区因素对婚姻迁移女性婚育行为的作用。剔除了缺失值之后，本章采用的婚姻迁移女性样本量为798份，村级样本量为231份。

第三节　空间迁移和社会迁移模式对农村女性婚育行为的影响

初婚年龄是移民群体当事人双方都会慎重考虑的因素，它关系到配偶的身体、生理健康，对婚姻质量有较大的影响；初育年龄的差异的大小，是双方个人意愿的反映，但也更多受到迁入地社会客观因素的影响，是一种社会行为的体现；[①] 生育个数更多与丈夫及其家庭结构有关，但也受到社区大环境客观因素的影响。本章以空间迁移、社会迁移作为研究视角，考察通婚圈、婚姻匹配（教育匹配、年龄匹配、收入匹配和家庭经济匹配）对农村婚姻迁移女性婚育行为的影响，用初婚年龄、初育年龄和生育个数来测度婚育行为，婚姻移民的婚育行为直接关系到农村婚姻生活的稳定，因此，本章试图分析影响婚姻移民婚育行为的影响因素，为提高农村婚姻迁移女性的婚姻质量和加强婚姻家庭稳定提供理论借鉴。

① 张国雄：《九十年代广东五邑侨乡新移民的涉外婚姻观》，《南方人口》，1997年第2期。

表 8—2　婚育行为分层线性回归中变量描述性统计信息

	变　量	赋值	均值	标准差
因变量	**初婚年龄**	连续变量	21.82	3.13
	初育年龄	连续变量	23.25	3.50
	生育个数	连续变量	1.51	0.66
自变量	**通婚圈**（本省）省际	（0）1	0.51	0.50
	教育匹配（妻子小于丈夫）	（0）		
	夫妻教育程度相当	1	0.52	0.50
	妻子大于丈夫	2	0.17	0.37
	年龄匹配（妻子小于丈夫）	（0）		
	夫妻年龄相当	1	0.14	0.34
	妻子大于丈夫	2	0.12	0.33
	收入匹配（妻子小于丈夫）妻子大于等于丈夫	（0）1	0.21	0.40
	家庭经济匹配(妻子家庭低于丈夫家庭)	（0）		
	夫妻家庭经济相当	1	0.53	0.50
	妻子家庭高于丈夫家庭	2	0.21	0.41
控制变量	**歧视**（无）有	（0）1	0.19	0.39
	教育程度（小学及以下）	（0）		
	初中	1	0.41	0.49
	高中及以上	2	0.26	0.44
	职业（农业）非农业	（0）1	0.69	0.46
	收入（ln）	连续变量	8.72	2.88
	打工经历（无）有	（0）1	0.67	0.47
	年龄（30 岁及以下）	（0）		
	31—49 岁	1	0.62	0.49
	50—59 岁	2	0.07	0.25
	人均收入水平（低水平）高水平	（0）1	0.28	0.45
	社区距镇政府距离（≤ 5 公里）＞ 5 公里	（0）1	0.40	0.49

注：变量一列的括号内为参照项。

数据来源：2014 年“婚姻迁移模式对农村女性发展的影响研究”调查。

本章的因变量为初婚年龄、初育年龄和生育个数，三个变量均为连续变量。

自变量为通婚圈和婚姻匹配。其中通婚圈为二分类变量：本省、省际，分别赋值“0”“1”；婚姻匹配包括教育匹配、年龄匹配、收入匹配和家庭经济匹配，通过比较妻子和丈夫的教育程度、年龄、个人年收入和双方家庭经济状况来测度。

教育匹配为三分类变量：妻子教育程度低于丈夫、夫妻教育程度相当和妻子教育程度高于丈夫，分别赋值“0、1、2”；年龄匹配为三分类变量：妻子年龄小于丈夫、夫妻年龄相同、妻子年龄大于丈夫，分别赋值“0、1、2”；收入匹配为二分类：妻子年收入低于丈夫、妻子年收入高于等于丈夫，分别赋值“0”和“1”；家庭经济匹配为三分类：妻子家庭经济低于丈夫家庭、夫妻家庭经济相当、妻子家庭经济高于丈夫家庭，分别赋值“0、1、2”。

控制变量为个人经济文化特征因素和所在社区居民人均收入等社区因素。表 8—2 给出了回归分析中所需变量的描述性统计信息。

本节分析中，主要采用 OLS 回归和 HLM 分层线性模型分析农村婚姻迁移女性婚育行为的影响因素。首先，研究通婚圈对农村婚姻迁移女性初婚、初育和生育个数的影响，考察通婚距离的远近对农村婚姻迁移女性婚育行为的影响；其次，利用 OLS 研究婚姻迁移女性初婚年龄的影响因素；最后，考察婚姻匹配对婚姻迁移女性初育和生育个数的影响，考虑个体所在社区的影响，建立 HLM 模型，分析结果见表 8—3。

对婚姻迁移女性初婚年龄进行 OLS 回归可以发现：通婚圈对婚姻迁移女性的初婚年龄有显著影响。省际迁移的女性初婚年龄比本省内迁移的女性增加了 0.54 倍，且差异性较显著。个人经济文化特征因素中，教育程度对婚姻迁移女性的初婚年龄也有显著影响。具体表现为，较高的教育程度将农村婚姻迁移女性的初婚年龄显著增加了 0.87 倍。

对婚姻迁移女性初育年龄进行 HLM 回归发现：首先，通婚圈和婚姻匹配均对婚姻迁移女性的初育年龄产生了一定的显著性作用。省际迁移的女性初育年龄显著高于省内迁移的女性；夫妻双方的教育匹配和年龄匹配对婚姻迁移女性的初育年龄均有显著影响，教育程度高于丈夫的婚姻迁移女性初育年龄比较大，呈显著性差异；年龄大于等于丈夫年龄的婚姻迁移女性初育年龄往往也比较大，也呈显著性差异。其次，歧视及女性个人的教育程度均对其初育年龄有显著影响，受到过社区居民歧视、初中学历的婚姻迁移女性初育年龄比较小，且差异性较为显著。

表 8—3　婚姻迁移女性婚育行为的影响因素回归分析

	初婚年龄（OLS）	初育年龄（HLM）	生育数（HLM）
固定效应			
层 1 截距	—	3.63***	4.57***
社区因素			
村民人均收入水平（低）高	—	0.55	0.97
社区距镇政府距离（≤ 5 公里）＞ 5 公里	—	0.96	0.99
通婚圈（本省及以内）省际	1.72*	1.12+	0.99+
教育匹配（妻子小于丈夫）			
夫妻教育程度相当	—	1.55	1.03
妻子大于丈夫	—	2.69+	1.09
年龄匹配（妻子小于丈夫）			
夫妻年龄相当	—	3.53*	0.90+
妻子大于丈夫	—	8.00***	0.80**

续表

	初婚年龄（OLS）	初育年龄（HLM）	生育数（HLM）
收入匹配（妻子小于丈夫）妻子大于等于丈夫	—	1.21	1.05
家庭经济匹配（妻子家庭低于丈夫家庭）			
夫妻家庭经济相当	—	0.87	0.97
妻子家庭高于丈夫家庭	—	1.09	1.11
歧视（无）有	—	0.79+	1.19*
教育程度（小学及以下）			
初中	0.73	0.27**	0.88+
高中及以上	2.39**	0.69	0.76**
职业（农业）非农业	1.45	0.55	0.95
收入（ln）	0.97	1.01	0.99
打工经历（无）有	1.21	1.39	0.96
年龄（30 岁及以下）			
31—49 岁	—	—	1.48***
50—59 岁	—	—	2.27***
随机效应			
（常数项）/ 随机项	21.38***	25.28	1.70
(-2LL/ R2）/ 层 1 截距项的信度估计	0.038	0.285	0.535
村样本数	—	231	
个人样本数	798	798	

注：*** 表示 p<0.0001；* 表示 p<0.05；+ 表示 p<0.1。

数据来源：2014 年“婚姻迁移模式对农村女性发展的影响研究”调查。

表 8—3 还可以看出，在生育个数上，首先，通婚圈和婚姻匹配均对婚姻迁移女性的生育个数有显著影响。长距离通婚将女性的生育个数显著降低了 0.01 个，即省际迁移的女性生育个数要显著低于省内迁移的女性；夫妻双方的年龄匹配对婚姻迁移女性的生育个数有较显著的影响，妻子年龄相对较大的婚姻家庭，孩子个数显著较少。其次，个人经济文化特征方面，歧视、女性

个人的教育程度及年龄均对其生育个数有显著影响。

社区居民的态度对婚姻迁移女性的生育行为有较显著的影响。受到过社区居民歧视的婚姻迁移女性生育子女数往往比没有受过歧视的女性多 0.17 个，且呈显著性差异；教育程度较高的婚姻迁移女性，其生育子女数显著较少；婚姻迁移女性的年龄与其生育子女数呈正相关的关系，年龄越大，生育数越多，差异性比较显著。

第九章　农村婚姻迁移女性的夫妻权力研究

家庭权力模式是考察家庭关系、家庭结构变迁的重要切入点。[①] 中国社会高速的现代化进程加速了家庭小型化的趋势，家庭的结构转型和核心化趋势将会影响传统的家庭关系。父子关系在中国家庭研究中一直被视为传统大家庭的基本要素，而夫妻关系则为近代小家庭的主要特质。已有研究只关注于当前的夫妻相对资源对夫妻权力的影响，但是缺乏本土化的纳入适合中国国情的婚姻社会迁移模式的影响研究。当前中国农村经历着现代化和城市化双重变迁，婚姻社会迁移模式到底对农村女性夫妻权力产生什么影响，农村女性夫妻权力的现实状况是否存在时代差异，是否会受相对资源和文化规范因素影响？目前还缺乏有可靠数据支持的论证。Blood 和 Wolfe 用八个决策项目测量夫妻权力，包括子女教育、人际关系、家庭财产、安排休闲时间等，[②] 这些都会引起夫妻权力的性别差异。本章包括三部分，第一部分是关

① 郭志刚、刘金塘、宋健：《现代生育政策与未来家庭结构》，《中国人口科学》2002 年第 2 期。

② Blood R.O., Wolfe D.M.: Husbands and Wives: The Dynamics of Married Living, The Free Press,1960.

于农村婚姻支付和夫妻权力现状的研究；第二部分是对农村婚姻迁移女性夫妻权力的影响因素进行的研究分析；第三部分是本章小结。

第一节　农村婚姻迁移女性的夫妻权力状况

本章借鉴西方学者常用的决策项目，结合中国农村实际情况，考察受访者七个决策项目：家庭日常开支（y1）、购买大件商品或大型农机具（y2）、买房或盖房（y3）、决定投资或贷款（y4）、子女的升学（y5）、赡养本人父母（y6）、赡养公婆（y7）。在调查中，直接询问受访女性对以上家庭事务决定权的态度。每道题分为5级测量（1= 丈夫决定；2= 共同商量，丈夫决定；3= 不适用或夫妻共同决定；4= 共同商量，妻子决定；5= 妻子决定）。本量表的Alpha信度系数为0.81。根据研究需要，本章对上述七项家庭事务进行因子分析，得到两个综合因子：Factor_1和Factor_2。因子表达式为：

$$Factor\_1 = -0.20*y1 + 0.37*y2 + 0.38*y3 + 0.35*y4 + 0.07*y5 - 0.07*y6 + 0.16*y7$$；

$$Factor\_2 = 0.57*y1 - 0.13*y2 - 0.11*y3 - 0.07*y4 + 0.38*y5 + 0.45*y6 + 0.21*y7$$。

从表达式可以看出，Factor_1在购买大件商品或大型农机具、买房盖房、决定投资或贷款上有较大载荷，所以我们把Factor_1命名为投资决策权；Factor_2在家庭日常开支、子女升学、赡养公婆上有较大载荷，所以我们把Factor_2命名为日常决策权。因子得分越低，说明家庭是男权家庭的可能性越大，因子得分越高，说明家庭是女权家庭的可能性越大。

Factor_1 和 Factor_2 均服从标准正态分布，根据研究需要，我们将 Factor_1 和 Factor_2 的取值水平在小于 0 的范围内定义为男权家庭，将 Factor_1 和 Factor_2 的取值水平在大于等于 0 的范围内定义为非男权家庭。

表 9—1　农村婚姻支付和家庭权力的变迁情况

（单位：元，%）

省份	彩礼金额	嫁妆金额	嫁妆 / 彩礼	男权家庭比例	非男权家庭比例	样本量
四川	12788	9033	70.64	43.43	56.57	175
云南	12969	8905	68.66	39.13	60.87	161
陕西	11640	7887	67.76	36.52	63.48	178
河南	25976	14962	57.60	34.72	65.28	144
河北	19637	9133	46.51	35.10	64.90	151
辽宁	42655	23470	55.02	29.38	70.62	177
江苏	34954	24612	70.41	28.71	71.29	202
广东	10257	7453	72.66	35.03	64.97	157
山东	17507	10623	60.68	47.79	52.21	113
均值	20932	12898	61.61	36.65	63.35	1458

数据来源：2014 年“婚姻迁移模式对农村女性发展的影响研究”调查。

从表 9—1 中我们可以看出，不同省份的婚姻支付存在差异，嫁妆占彩礼的重平均水平约为 62%，其中河北省嫁妆不到彩礼的一半（46%），而广东省嫁妆占彩礼比例达到 73%，其他 7 个省嫁妆占彩礼的比重处于 46%—73%之间。夫妻家庭权力结构也存在地域差异，但男权家庭比例明显小于非男权家庭比例，其中辽宁省男权家庭比例不到30%，山东省男权家庭所占比例较大，但也不到总体的一半（48%）。

第二节　影响因素研究模型设计

本节主要对农村婚姻迁移女性的夫妻权力影响因素进行回归分析，选用上文提出的两个综合因子投资决策权和日常决策权作为因变量来反映农村已婚女性夫妻权力方面的具体情况。

本节主要是为了分析婚姻迁移模式对农村女性夫妻权力的影响因素，主要包括婚姻支付和婚姻匹配。首先在全国抽取9个省作为本次调查的初级单位，这些省份的选择是基于最近几次人口普查中农村女性婚姻迁移的分布特征和活跃程度，分别按照婚姻迁移活跃程度分为婚姻迁入省、婚姻均衡省和婚姻迁出省（参见第六章）。其次，从初级单位中抽取二级单位采用方便抽样方法。保证调查范围充分覆盖调查区域，调查员负责调查所在村的婚迁妇女、本地已婚妇女和村干部，婚姻迁移妇女和本地已婚妇女问卷数量基本保持相等。本章最终使用了179个村的1458个样本。

本章运用投资决策权和日常决策权来反映农村婚姻迁移女性的夫妻权力，在现状分析中已经说明，在此不再赘述。自变量和控制变量详细如下：

一、自变量

（1）夫妻婚姻匹配。夫妻婚姻匹配包括夫妻收入匹配、夫妻教育匹配、夫妻家庭经济匹配和夫妻年龄匹配，基于数据分析结果问题，本章最终只纳入了夫妻收入匹配、夫妻教育匹配，均设为二分类，分为“丈夫大于妻子”和“丈夫等于或小于妻子”。

(2) 婚姻支付。为二分类变量。本书通过询问受访者“结婚时，您家彩礼（嫁妆）包括现金和实物，大约多少钱?”来获得受访者家庭婚姻支付信息，考察受访者嫁妆占彩礼的比重情况。将嫁妆占彩礼的比重低于所在省平均水平视为“嫁妆 / 彩礼处于低水平”，将嫁妆占彩礼比重等于或高于所在省平均水平视为“嫁妆 / 彩礼处于高水平”。

二、控制变量

(1) 夫妻的相对持家贡献通过夫妻每天做家务劳动的时间来测量，丈夫做家务时间比妻子长，说明丈夫的持家贡献大于妻子，反之则说明妻子大于丈夫，若夫妻做家务的时间相等，说明夫妻对家庭的贡献相同。这三个变量均是二分类，分为“丈夫大于妻子”和“丈夫等于或小于妻子”。

(2) 文化规范。文化规范对夫妻权力的影响包括初婚时间、家庭规模和初婚居住安排。因初婚时间和家庭规模有很强的相关性①，所以我们剔除家庭规模变量，只将初婚时间纳入分析，初婚时间分为“1989 年及以前”、“1990—1999 年”、“2000—2009 年”和“2010 年及以后”四类。初婚居住安排分为“随公婆住”

① 经计算得出，初婚时间和家庭规模之间的相关系数为 0.51。

和“自己住”两类。[①]

（3）情感需求。情感需求对夫妻权力的影响主要涉及妻子行为自主权。妻子对丈夫的依赖性越强，自主权越弱。通过询问妻子在个人消费、安排自己闲暇时间、交友、参加劳动培训和支配自己财物五个方面考察妻子行为自主权，此量表信度为0.74，答案采用三级测量标准，各问题得分累加为妻子行为自主权情况，根据研究需要，将得分低于受访者所在省份得分平均水平视为“自主权较低”，得分等于或高于受访者所在省得分平均水平视为“自主权较高”。

（4）社区因素。社区因素对夫妻权力的影响包括人均收入、社区距镇政府所在地距离和地区差异。人均收入分为“低收入水平”和“高收入水平”两类，将人均收入低于本省平均水平视为低收入水平，将人均收入等于或者高于本省平均水平视为高收入水平；社区距镇政府的距离分为“小于等于5公里”和“大于5公里”。

表9—2　分层线性回归分析的变量描述性统计信息

变量		均值	标准差
因变量	投资决策权：非男权（男权）	0.60	0.49
	日常决策权：非男权（男权）	0.50	0.50
自变量	夫妻收入匹配：丈夫≤妻子（丈夫＞妻子）	0.20	0.40
	夫妻教育匹配：丈夫≤妻子（丈夫＞妻子）	0.68	0.47
	嫁妆/彩礼：高水平（低水平）	0.37	0.48

① 随妻子父母住仅占调查样本的5.6%，分析中删去。结婚时独立门户占40.7%。

续表

变量		均值	标准差
控制变量	相对持家贡献：丈夫≤妻子（丈夫>妻子）	0.84	0.37
	初婚居住安排：自己住（随公婆住）	0.46	0.50
	初婚时间：(1989 年及以前)	0.18	0.38
	1990—1999 年	0.36	0.48
	2000—2009 年	0.26	0.44
	2010 年及以后	0.21	0.41
	妻子行为自主权：较高（较低）	0.82	0.27
	人均收入：高收入水平（低收入水平）	0.33	0.47
	社区距镇政府距离：距离>5 公里（≤5 公里）	0.53	0.50

数据来源：2014 年“婚姻迁移模式对农村女性发展的影响研究”调查。

本章关注夫妻权力的影响因素，运用分层模型，与一般的分析不同之处在于，层际作用关系并不表现为上层变量值影响下层变量值，而是体现于上层变量影响下层自变量与因变量（结果变量）之间的关系，即影响各个系数的取值大小和方向。所以模型建立如下：

层 1：夫妻权力 $=\beta_0+\beta_1$（婚姻支付）$+\beta_2$（收入匹配）$+\beta_3$（教育匹配）$+\beta_4$（相对持家贡献）$+\beta_5$（初婚居住安排）$+\beta_6$（初婚时间）$+\beta_7$（妻子行为自主权）$+R$；

层 2：$\beta_0=G_{00}+G_{01}$（人均收入）$+G_{02}$（社区距镇政府距离）；

$\beta_1=G_{i0}$（$i=1$、2……7）。

层 1 考察了婚姻支付对夫妻权力的影响。当不考虑社区影响时，分析个人层面上的婚姻支付对夫妻权力的影响，本质上是 Logistic 回归分析；考虑第 2 层中的变量时，实际上是考虑第 2

层变量对层 1 方程中的截距项 β_0 的影响。

第三节　社会迁移模式对农村女性的夫妻权力的影响

基于前一节分析，我们设计六个模型从投资决策权和日常决策权两个方面分析夫妻权力：模型 1 和模型 3 将婚姻支付、文化规范因素和情感需求因素纳入分析，讨论在控制变量影响下的婚姻社会迁移模式对夫妻权力的影响，模型 2 和模型 4 考察社区因素对夫妻权力的影响。本章采用 HLM 软件对上述模型进行拟合。如表 9—3：

表 9—3　婚姻迁移模式对夫妻权力的影响因素分析

	投资决策权		日常决策权	
	模型 1	模型 2	模型 3	模型 4
固定效应				
层 1 截距	1.74+	1.90+	0.41*	0.53+
社区因素				
人均收入：（低）高		1.21		0.70+
社区距城镇政府距离：（距离≤ 5 公里）> 5 公里		0.72+		0.94
自变量				
嫁妆 / 彩礼（低水平）				
高水平	2.09***	2.07***	1.23+	1.23+
收入匹配：（丈夫＞妻子）				
丈夫≤妻子	1.30+	1.30+	0.73*	0.73*

续表

	投资决策权		日常决策权	
	模型 1	模型 2	模型 3	模型 4
教育匹配： （丈夫＞妻子）				
丈夫≤妻子	0.86	0.85	1.19	1.19
控制变量 相对持家贡献：（丈夫＞妻子）				
丈夫≤妻子	0.61**	0.61**	1.13	1.14
初婚居住安排：（随公婆住）				
自己住	1.14	1.14	0.82	0.81
初婚时间：（1989 年及以前）				
1990—1999 年	1.05	1.06	0.87	0.86
2000—2009 年	1.20	1.22	0.83	0.81
2010 年及以后	1.76**	1.79**	0.70*	0.69*
妻子行为自主权（较低）				
较高	0.80	0.78	2.82***	2.88***
随机效应				
随机项：	1.29	1.31	1.10	1.11
层 1 截距项的信度估计：	0.61	0.61	0.56	0.56
村样本数	179			
个人样本数	1458			

注：*** 表示 p<0.001，** 表示 p<0.01，* 表示 p<0.05，+ 表示 p<0.1。括号内是参照项。
数据来源：2014 年“婚姻迁移模式对农村女性发展的影响研究”调查。

表 9—3 中，模型 1 和模型 2 分析了社会迁移模式对农村女性投资决策权的影响，夫妻的收入匹配对投资决策权具有显著正影响。夫妻收入匹配会影响投资决策权，如果妻子的收入与丈夫的收入持平甚至超过丈夫收入，那么在家庭投资决策事务中，非

男权发生的几率会提高1.3倍。时代的变迁使得女性在社会生活的各个层面均获得与男性平等的机会，受教育程度的提升和就业机会的增加提高了女性的社会地位，这使得妻子更积极地参与家庭事务的决策，从回归结果来看，在2010年以后结婚的家庭中，投资决策非男权的发生几率提高了1.7倍。考虑社区因素对投资决策的影响（模型2），发现距离城镇较远的乡村，男权发生的几率较大。由于现代化进程缓慢和居民观念相对保守等原因，偏远地区的乡村因袭父权制文化程度比较深，一定程度上加强了居民对父权夫权的认同感，所以社区距离因素客观上增加了丈夫的权力。同时，婚姻支付对家庭投资决策权也有影响，当嫁妆占彩礼的比例高于当地的平均水平时，非男权的发生几率提高了近2倍，这说明提高嫁妆确实会提升妻子在家庭中的权力，丰厚的嫁妆使得妻子在家庭投资行为中获得一定的话语权。统计检验表明这一结论非常显著。将个人相对资源、文化规范和情感需求作为控制变量纳入分析（模型1）发现婚姻支付的影响仍然显著。

模型3和模型4分析了社会迁移模式对农村女性家庭日常决策权的影响，夫妻收入匹配对家庭日常决策有显著影响，同时初婚时间段和妻子行为自主权也有对投资决策权有显著影响，具体表现为：妻子的收入水平提高，初婚时间距现在较近，反而降低了妻子的日常决策权。而妻子收入水平与初婚时间对投资决策权的影响是正向的，这就说明随着社会的进步和女性工作机会的增加，家庭中妻子的权力范围逐步由繁多而琐碎的日常事务决策权逐步过渡到重大事务决策权，体现了妻子权力的提升。妻子能支配自己行为的程度越高、其日常决策权也越大，较高的行为自主权能使妻子的权力发生几率提高2.8倍。考虑社区因素对日常决策的影响（模型4），发现在人均收入水平较高、经济状况较好的乡村里，家庭中妻子的日常决策权力反而较小。同时，婚姻支付对家庭日常决策也有显著影响，与家庭投资决策类似，当嫁妆占彩礼的比例高于当地的平均水平时，非男权的发生几率提高了1.2倍。将控制变量纳入分析（模型3），婚姻支付对家庭日常决策的影响仍然显著。

第十章　农村婚姻迁移女性的发展：来自质性访谈资料的发现

质性访谈资料是农村婚姻迁移女性发展状况的直接反映，可以从中获取被采访人的基本信息和生活近况，并且从字里行间反映出其生活状态。深度访谈是从受访者那里获得的能够表达她们的所思所想和所作所为的真实资料，从他们的角度理解和构建其言行具有重要意义。① 本章以质的研究方法作为主要研究方法，通过对农村女性的深度访谈，从经济状况、健康状况、社会融入、婚育行为和夫妻权力五个视角来探讨和发现农村女性的发展状况。

第一节　质性访谈样本基本情况及分析策略

为了系统总结和研究农村婚姻迁移女性的发展状况，本章按照扎根理论的操作程序进行分析，即对调查所得的访谈资料进行逐级编码，共分为两个级别的编码，即一级编码——开放式登

① 方敏：《质性访谈中研究》，《社会学理论及方法研究》，2002 年第 S2 期。

录、二级编码——关联式登录。开放式登录是指对资料的逐步概念化和范畴化，也就是将大量的资料记录加以逐级缩编，用概念和范畴来正确、精练地反映资料内容。关联式登录主要任务是发现和建立概念类属之间的各种联系，以表现资料中各个部分之间的有机关联。表 10—1 是农村婚姻迁移女性的发展状况，简要地介绍二级登录分析过程。

表 10—1　农村婚姻迁移女性发展状况的二级登录分析

<table>
<tr><th colspan="3">开放式登录</th><th rowspan="2">关联式登录</th></tr>
<tr><th>原始资料</th><th>概念化</th><th>范畴化</th></tr>
<tr><td>全家就是靠丈夫一人打工来维持家庭现在的生活</td><td>丈夫打工</td><td rowspan="2">经济收入</td><td rowspan="11">经济发展</td></tr>
<tr><td>家庭的经济来源主要靠丈夫的工资</td><td>丈夫工资</td></tr>
<tr><td>现在也没有工作，就是在家里面当家庭主妇</td><td>家庭主妇</td><td rowspan="3">职业</td></tr>
<tr><td>在家照顾家庭、孩子和老人，同时做一下田地里的工作</td><td>务农</td></tr>
<tr><td>照看商店店面，有时外出打工</td><td>打工</td></tr>
<tr><td>每月也会按时给父母打钱</td><td rowspan="3">养老支出</td><td rowspan="6">经济支出</td></tr>
<tr><td>逢年过节都会给父母买点补品或者衣服之类的</td></tr>
<tr><td>由于孩子由父母看管每月还需给父母 2000 元的生活费</td></tr>
<tr><td>近年来花费最大的一次性消费就是给女儿买笔记本电脑</td><td rowspan="2">教育支出</td></tr>
<tr><td>近两年来，较重大的支出是女儿考研的支出，并且支持她继续读书的费用</td></tr>
<tr><td>前些年因为大儿子的病没少花钱</td><td>看病支出</td></tr>
<tr><td>我个人身体状况良好</td><td>健康自评</td><td rowspan="3">生理健康</td><td rowspan="3">健康发展</td></tr>
<tr><td>平时也不做什么妇科检查</td><td rowspan="2">妇科病</td></tr>
<tr><td>没有什么大的妇科问题</td></tr>
</table>

续表

<table>
<tr><th colspan="3">开放式登录</th><th rowspan="2">关联式登录</th></tr>
<tr><th>原始资料</th><th>概念化</th><th>范畴化</th></tr>
<tr><td>自己没参加过村子里面组织的一些活动</td><td>活动参与</td><td rowspan="3">行为融合</td><td rowspan="5">社会融合</td></tr>
<tr><td>习惯了本村的生活</td><td>生活习惯</td></tr>
<tr><td>会说本地方言</td><td>语言沟通</td></tr>
<tr><td>把自己当作了村子里的居民</td><td>身份认同</td><td rowspan="2">心理融合</td></tr>
<tr><td>始终没有很强烈的融入感，没什么特别多的感情</td><td>归属感</td></tr>
<tr><td>和丈夫结婚了，当时她 20 岁</td><td rowspan="2">结婚时多大</td><td rowspan="2">初婚年龄</td><td rowspan="5">婚育行为</td></tr>
<tr><td>结婚时 22 岁</td></tr>
<tr><td>生育第一个孩子时是 24 岁</td><td>生第一个孩子时间</td><td>初育年龄</td></tr>
<tr><td>共育有子女两人，为一男一女，大的为女儿，小的为儿子</td><td rowspan="2">孩子个数</td><td rowspan="2">生育子女数</td></tr>
<tr><td>两人育有一子，现年 4 岁</td></tr>
<tr><td>在给自己买衣服、交朋友或者支配自己的财务的时候可以自己决定的，拥有自主权</td><td>给自己花钱</td><td rowspan="2">日常决策权</td><td rowspan="4">夫妻权力</td></tr>
<tr><td>在给自己买衣服、交朋友、支配自己财务等方面有自己的自主权，还有给家里人买吃的、穿的也是由自己决定</td><td>给家里人花钱</td></tr>
<tr><td>面对家中的重大事件需要作出决策时，是夫妻双方一同讨论，共同商议</td><td rowspan="2">重大事件决策</td><td rowspan="2">投资决策权</td></tr>
<tr><td>家里的重大决策一般都是家里男人说了算</td></tr>
</table>

本章首先对本次质性访谈资料进行基本描述。本次研究共访谈 107 人，其中村干部访谈 9 份，农村女性访谈 98 份。农村女性访谈中包括农村婚姻迁移女性 58 份，本地已婚女性 40 份。具体样本信息详见下文表格。其次，结合本次质性访谈的内容，得到农村女性在经济发展、健康状况、社会融入、婚育行为和夫妻权力五个方面的基本状况。最后，对农村女性的发展状况进行总结。

表10—2提供了本书质性访谈的样本区域分布。本次访谈中婚姻迁移女性的访谈数量和本地已婚女性的访谈数量比较均匀，婚姻迁移女性的访谈数量为58份，本地已婚女性的访谈数量为40份。对婚姻迁入地（辽宁省、江苏省、广东省、河北省、山东省）、迁出地（四川省和云南省）和均衡地（河南省和陕西省）的采样比较均匀，分别是40份、35份和32份。

表10—2　农村女性的访谈分布情况

迁入地			均衡地			迁出地		
省份	婚迁	本地	省份	婚迁	本地	省份	婚迁	本地
广东	5	0	陕西	10	6	四川	14	5
江苏	5	3	河南	5	11	云南	3	13
辽宁	4	0						
河北	3	7						
山东	9	4						
小计	26	14	小计	15	17	小计	17	18

表10—3是农村女性基本信息分布情况。从年龄分布上看，被采访人中31—50岁的人占大多数，占63.3%，其次是30岁以下的女性，占31.6%，最后是51岁及以上的女性，占5.1%。从教育程度上看，分布得比较均匀，小学及以下、初中、高中及以上的比例分别是25.5%、36.7%、37.8%。职业类型上的分布也比较均匀，从事农业的比例占40.8%，非农业的比例为59.2%。从结婚时间长度上看，结婚已经10年以上的占62.2%，结合前面对年龄分布的分析可以发现，该年龄段的女性初婚时间比较早。从流动距离看，本市内的婚姻迁移依然占主流，占40.8%，并且随着婚姻迁移的距离增加，婚姻迁移的数量逐渐降低，说明婚姻迁移还是会受到移动距离的限制。

表 10—3　已婚女性个人基本信息（访谈）

	总体	婚迁	本地
年龄	98	58	40
30 岁及以下	31.6%	34.5%	27.5%
31—50 岁	63.3%	56.9%	72.5%
51 岁及以上	5.1%	8.6%	0
平均年龄（均值）	37.28	37.67	36.70
教育程度	98	58	40
小学及以下	25.5%	22.4%	30%
初中	36.7%	32.8%	42.5%
高中及以上	37.8%	44.8%	27.5%
职业	98	58	40
农业	40.8%	36.2%	47.5%
非农	59.2%	63.8%	52.5%
结婚时间	98	58	40
不足 5 年	23.5%	25.9%	20%
5—10 年	14.3%	15.5%	12.5%
10 年以上	62.2%	58.6%	67.5%
初婚年龄（均值）	22.64	22.96	22.15
兄弟姐妹数（均值）	2.35	2.09	2.71
流动距离	98	58	40
本市（本村）	40.8%	—	100%
本省（跨村）	30.6%	51.7%	—
省际	28.6%	48.3%	—

第二节　农村婚姻迁移女性的经济状况

根据研究内容以及分析框架，从收入和支出两个方面，即职业、年收入、主要支出三个指标来测度农村女性的经济状况。

经济收入方面主要从家庭主要经济来源和职业类型两个维度进行分析，家庭主要经济来源我们利用访谈提纲中的“您家庭经济收入的主要来源?”这一题项进行测度；职业类型利用访谈提纲中的“您目前的工作是什么?”这一题项进行测度。两个指标同时适用于农村婚姻迁移女性和本地已婚女性。

经济支出方面利用访谈提纲中的“您家庭目前的消费情况的花费是多少?”这一题项进行测度，主要内容包括教育支出、养老支出、医疗支出。

一、经济收入

家庭主要经济来源是测量农村婚姻迁移女性在迁入地收入状况的维度之一。通过对农村女性的深度访谈，我们发现，无论农村婚姻迁移女性还是本地已婚女性，妻子外出工作也很难改变农村家庭“男主外，女主内”的格局，家庭经济来源依靠丈夫的局面在短时间内无法改变。[①]这加重了农村女性的生活负担，尤其是有工作的农村女性。她们在工作的同时，还要独自承担家庭事务。四川省古蔺县，国家4A级风景区，已成为邻近城市居民的避暑胜地和必选的观光景区，且在政府的扶持下，旅游业火速发展，很多村民都办起农家乐来挣钱养家。玖金花在做一名家庭主妇的同时，也在帮助丈夫的事业发展，现年收入大概为9万元。他们家的经济收入都是靠丈夫一个人在外打拼。玖金花说，她现在是家庭主妇，在家卖米线，卖零食。婆婆的年岁已高，大多数

① 徐安琪:《婚姻权力模式：城乡差异及其影响因素》，社会科学文献出版社2002年中国社会学会学术年会获奖论文集。

的家务事都落在了她一个人的肩上。

二、职业

大部分婚姻迁移女性由经济发展水平低的地区迁到经济发展水平相对高的地区，农村婚姻迁移女性所面对的职业类型更加宽泛，有更多的择业机会，获取收入的途径多样化，收入增加。这使得迁出地和均衡地的农村婚姻迁移女性的整体收入水平要高于本地已婚女性。有许多受访个体都提及“与娘家的姐妹们和婆家所在地的已婚妇女相比，我的经济条件更为优越，生活质量更好。与娘家所在地的姐妹们相比，我现在的经济条件稍微好些。经营农家乐工作轻松，收入也很可观，我对现在的经济条件很满意，觉得我现在的经济条件比娘家所在地的姐妹们都要好”。与婚姻迁移女性不同的是，访谈中大部分迁出地和均衡地本地已婚女性的职业为农业，她们通过种植、出售农作物获得收入。农业会受天气和农作物市场的影响，所以本地已婚女性家庭的年收入不稳定，这也是农村婚姻迁移女性的整体收入水平要高于本地已婚女性的原因。“每年的收入都是不固定的，这主要看当年所栽种的农作物，以及当年市场的好坏，有时，自己栽种农作物正好市场很需要，就会卖到好价钱，相应地收入就会高一点，达到三万多，但如果当年所栽的作物遇不上好市场，那么收入就会偏低，大概收入就是一万左右。”

三、经济支出

通过对农村婚姻迁移女性的深度访谈，我们发现，一些农村婚姻迁移女性家庭存在较大的经济负担，使其生活质量大大降低，这些生活负担主要包括养老支出、教育支出、医疗支出。一些家庭成员在遇到重大疾病时，家庭没有能力支付医疗费，造成家庭的主要经济负担。“大儿子今年45岁，因小时候发高烧救治不及时从而引发脑膜炎，使头脑智力低下成为‘傻子’，并且一条腿有残疾走路困难，前些年因为大儿子的病没少花钱，到处找人看病吃药，巨大的花费让家里吃不消，后来发现大儿子的病吃再多的药也没见好一些，家里积蓄的亏空和心理的失望让我们渐渐地放弃了带儿子去治疗的努力，只是买一些药回来吃。”人们对知识和教育程度越来越重视，已经不满足于九年义务教育，部分农村婚姻迁移女性家庭子女会继续接受高等教育，其教育支出所占比重会在子女接受高等教育时增加，“在衣食住行、教育支出、红白喜事随礼、看病支出方面比较均衡。就目前来说，教育支出占较大比重。近两年来，较重大的支出是要支持家中的女儿考研，并且支持她继续读书的费用。目前家里的花费在教育方面支出比较多，在一万多左右，别的方面在两三万左右”。本地已婚女性支出状况比较正常，主要是衣食住行支出和教育支出，养老支出和医疗支出较少。“衣食住行每年花费15000元左右，孩子教育上花费一两万左右，行李花费七八千左右，身体很健康。一般没有健康保健支出。一年的衣食住行大概支出是两万多吧，两万四五左右，现在她的孩子还没有上幼儿园，暂时没有教育支出，平时的红事支出一般在二百块钱到五百块钱之间，白事支出一般在一二百块钱左右。”在对访谈记录进一步分析后，我们发现一些婚姻迁移女性家庭经济条件较差，当地就业岗位的工资较低，不得不外出打工。迫于教育支出和养老支出的重要性和必须性，他们不得不降低生活质量，在衣食住行方面减少开支。而本地已婚女性家庭的兄弟姐妹较多，平摊养老费用后使养老支出减少。他们通过与父母同住来照顾父母，负责他们起居住行，不提供养老费用。两者的家庭主要支出会有所不同。

经济发展方面，首先，与本地已婚女性相比，农村婚姻迁移女性整体收入水平相对要高。访谈中，大部分农村婚姻迁移女性的家庭主要经济来源是丈夫的收入。当夫妻双方都有收入来源时，家庭内部的事务还是会交给女性来处理，女性对工作投入的时间和精力下降，导致家庭主要经济来源偏向男性。从职业类型上看，农村婚姻迁移女性的生活环境发生实质性变化，在进行简单的职业培训后，面对的职业类型增多，可以选择收入更高、福利更好的职业。其次，一些农村婚姻迁移女性家庭存在较大经济负担，主要体现在养老支出、医疗支出、教育支出三个方面。我们在被访人的回答中发现，当地社保覆盖率低，农村婚姻迁移女性的家庭没有能力很好地应付重大疾病，这成为主要经济负担。从访谈中还发现，不论是农村婚姻迁移女性还是本地已婚女性，对学历的重视程度发生改变，意识到义务教育已经不能满足社会对人才的需求，对高等教育的追求更加迫切，教育支出也成为家庭主要支出之一。本地已婚女性家庭的养老支出和医疗支出较少，对访谈记录做进一步分析后发现，这些农村已婚女性家庭的兄弟姐妹较多，平摊养老费用后使养老支出减少。他们通过与父母同住来照顾父母，负责他们的起居住行，不提供养老费用。

第三节　农村婚姻迁移女性的健康自评

根据研究内容以及分析框架，本节从心理健康和生理健康两方面来测度农村女性健康状况。其中，心理健康通过抑郁度来衡量，生理健康通过妇科病和健康自评两方面来衡量。

心理健康中抑郁度指标需要根据德洛夫的 CESD 量表进行测度，详细介绍与分析见第十章第二节的内容。故本节对农村女性的健康分析仅从访谈提纲中设计的生理健康方面来进行。

生理健康主要包括两个指标，健康自评和妇科病。健康自评方面我们利用访谈提纲中“您身体状况如何，平时如果生病会怎么办（及时去就医，还是自己买药治或其他）?”这一题项进行测度；妇科病方面利用访谈提纲中“您最近一次妇科检查何时做的?是否有妇科疾病，是否治疗?”这一题项进行测度。两个指标对农村婚姻迁移女性以及本地已婚女性同时适用。

一、健康自评

通过对农村婚姻迁移女性的深度访谈，我们发现，她们的健康状况普遍呈现良好的状态，主要体现在她们对自己的健康评价高且会定期进行妇科检查。

健康自评是测量农村女性生理健康水平的维度之一。农村婚姻迁移女性和本地女性健康自评都比较高，说明农村女性身体整体素质良好并且对自己的身体健康状况也很了解。大多数农村女性表述自己身体状况良好，普遍呈现“小病吃药，大病就医”的现状，“我个人身体状况良好，平时有点小病如上火、感冒，都是自己去药店用医保买药，不上医院”，“我生病了就应该及时去看，有些病看似小实际拖不得，一拖就成了大病，还有些小病也暗藏大隐患，我们家对健康方面都比较注重”。

二、妇科病

妇科病是测量农村女性生理健康的另外一个维度，通过对农村女性的深度访谈，我们发现，大多数农村婚姻迁移女性都进行过妇科病检查，但是本地已婚女性中有一些少数群体由于经济收入不高、没有稳定工作之类的原因，几乎没有或者不会定期进行妇科检查。“我平时也不做什么妇科检查，因为没有工作，也就没有单位每年组织的妇科检查。所以我也不知道自己有没有得什么妇科病”，“我不会首先选择去医院，家庭条件不好，去一次医院就得花几百，咱老百姓也看不起。最近一次做妇科检查是三年前，当时发现妇科病并治疗痊愈了，因为经济压力，不会定期体检和做妇科检查。”而对于农村婚姻迁移女性，一般是村里组织妇科检查，“在妇科检查方面，村里组织每一季度为我们进行常规检查。目前还算年轻，没有什么大的妇科问题，并且坚持参加村里组织的妇科检查”，“村里每年都会组织几次妇科检查，最近一次妇科检查是在去年 12 月份，没有什么妇科病”。有固定工作的女性，单位会组织定期体检，“我所在单位对员工提供定期的体检，所以我自己没有去做过妇科检查”。

在健康状况方面，首先，访谈中大多数农村婚姻迁移女性对自己的身体状况评价良好，对自己的身体健康也是相当重视，普遍呈现“小病吃药，大病就医”的现状。其次，大部分的农村婚姻迁移女性都表示自己有做定期的妇科体检，从而对自己的身体健康进行定期的监管，但也存在少部分本地已婚女性身体状况较弱、没有进行定期妇科体检的人群。在进一步的深度访谈后，我们发现，这类人群之所以存在这些问题，一方面是由于年龄增长、经济收入拮据，另一方面是因为没有固定工作单位、村社组织定期体检造成的。但总地看，农村婚姻迁移女性对自己的健康状况以及身体健康重视程度都比较高。

第四节　农村婚姻迁移女性的社会融合状况

根据本章的研究内容和分析框架，本节从客观行为和主观心理两个方面来测度农村女性的社会融合。

行为融合主要从人际交往和社区参与两个维度来分析。人际交往维度我们利用访谈提纲中“平日您都和哪些人来往？与他们的关系怎么样？”这一题项进行测度；社区参与利用访谈提纲中“您是否参加村 / 社区组织的一些活动？”这一题项进行测度。两个指标同时适用于婚姻迁移女性和本地已婚女性。

心理融合主要从身份认同这一指标来测度。且与农村婚姻迁移女性相比，本地已婚女性不存在长距离的迁移，即其户籍身份没有发生地域变化，故认为其不存在身份认同方面的问题，因此本节的心理融合主要是针对农村婚姻迁移女性进行的分析。

一、行为融合

通过对农村婚姻迁移女性的深度访谈发现，农村婚姻迁移女性的行为融合现状呈现较好的发展趋势，主要体现在她们与村民的人际交往较为频繁及积极参与社区活动上。

人际交往是体现农村婚姻迁移女性在迁入地社会行为融合的维度之一。人际间社会互动的频率越高，社会融合的水平也越高。[①②] 虽然有研究表明，农村婚姻迁移女性在人际交往方面存在一定的弱势，导致农村婚姻迁移女性在迁入地的社会融合度不高，[③] 但在访谈中，大多数的农村婚姻迁移女性在迁入地社会表现为较频繁地与村民、邻居的交流和联系，人际交往方面呈现出较好的发展趋势。"家人和邻居对她多多少少有些影响，有时候会帮帮她带孩子，或者在一些事情上帮忙出出主意。心情不好的时候，也会去找她们聊一聊。"在社区活动的参与方面，大部分的农村婚姻迁移女性社区参与率比较低，却表现出较高的参与意愿。农村婚姻迁移女性没有参加村里面的一些活动的原因是"不是不参加，而是村里边没有组织过什么活动。希望村里面以后可以多组织一些活动"；"自己没参加过村子里面组织的一些活动，因为村子里边不举行活动，希望村子里面能够多举办一些文化娱乐活动，比如多举办一些广场舞什么的，这样大家之间就可以多进行一些交流沟通，增强邻里之间的感情"。而本地已婚女性中，绝大部分都比较积极参与社区组织的活动，只有个别女性表示一般不怎么参加社区活动。对其进一步访谈，本地已婚女性给出的解释是："主要是因为上班没时间"，"一般不怎么参加村里的活动，因为从早到晚一直都在上班，几乎没有什么空闲的时间去参加活动，而且自己对活动没有太大的兴趣"。这些解释不难理解，在农村绝大部分本地已婚女性都是从事以农业为主的活动，除了农忙季节，其他季节时间比较宽裕，

---

① Scott R.A.:Deviance, Sanctions, and Social Integration in Small-Scale Societies. Social Forces, 1976（3）.

② 李树茁、任义科、靳小怡、费尔德曼：《中国农民工的社会融合及其影响因素研究》，《人口与经济》，2008 年第 2 期。

③ 赵丽丽：《城市女性婚姻移民的社会适应及其影响因素研究——对上海市"外来媳妇"的调查》，《上海交通大学学报》，2008 年第 3 期。

对于村里组织的活动参加率比较高。而个别从事非农职业的本地已婚女性，受工作时间限制，不能参与村里组织的各种活动。

二、心理融合

农村婚姻迁移女性作为一种特殊移民，其主观融合意愿对于女性自身的社会融合起关键作用。通过对农村婚姻迁移女性的深度访谈，我们发现，大部分对迁入地社会表现出较强的认同感，心理融合程度呈现出较好的趋势。“会说本地方言，而且很熟练。习惯了本村的生活，也把自己当做了村子里的居民，现在还有了想把娘家那边的姐妹介绍到婆家所在地区的想法。”由于语言、风俗等原因，也有少数的农村婚姻迁移女性表示对迁入地社会没有强烈的融入感。“不会说丈夫家的方言即潮州话，也听不懂潮州话，因不了解当地风俗且语言不通，所以回到潮州基本不操心任何事。觉得在潮州生活也挺好的，潮州菜很好吃，但始终没有很强烈的融入感，毕竟在潮州待的时间不长，一年也就那么几天，没什么特别多的感情。”而本地已婚女性的融合度比较高，均表示对自己本地人的身份高度认同，“因为都是一个地区的，完全会说婆家所在地的方言，与婆家人、左邻右舍相处融洽，是婆家所在地的当地人”，“娘家婆家都是当地的，与村民之间相处都很融洽，认为自己是婆家村的当地人”。

在社会融合方面，首先，访谈中大部分的农村婚姻迁移女性均表示与邻居及村民的人际交往较为频繁。但访谈中存在一部分农村婚姻迁移女性的社区参与率较低现象，在进一步深度访谈后，我们发现，这些女性之所以存在较低的社区参与率，一方面是由于客观因素造成的，如村子里很少举办集体活动、工作时间与活动时间冲突等，但这些女性却表现出较强的参与意愿。也有一些个人原因，比如一些年龄较小的农村婚姻迁移女性对村子举办的集体活动兴趣不大等。其次，农村婚姻迁移女性的心理融合也呈现出较好的发展态势。大部分的农村婚姻迁移女性均比较认同自己是本地人的身份，在一定程度上甚至表现出较强的认同感和融入感，虽然也有个别人表示对自己本地人身份不认同，但对该女性进一步访谈和分析之后，我们发现该类女性一般不会说本地方言，与人沟通困难，且结婚时间较短，在时间和空间上存在滞后效应。

第五节　农村婚姻迁移女性的初婚初育年龄状况

根据本章研究内容与分析框架，我们主要从初婚年龄、初育年龄以及生育子女数三个方面来测度婚姻迁移女性的婚育行为。

初婚初育年龄是农村婚姻迁移女性婚育行为的测度之一，根据访谈提纲，初婚初育年龄我们分别通过被访者个人信息的出生年份、结婚时间、第一个子女出生年份来测度。生育子女个数我们通过询问被访者子女个数来测度。

一、初婚初育年龄

在访谈中我们发现农村婚姻迁移女性的初婚初育年龄相对来说稍晚，从整个访谈来看初婚年龄大约为22岁、初育年龄大约为24岁。本地已婚女性的初婚、初育年龄分别在21岁和22岁左右，普遍低于农村婚姻迁移女性。如本地女性杨某，现年38岁，于1998年结婚，结婚时，杨某22岁。杨某与丈夫共育有子女两人，为一男一女，大的为女儿，小的为儿子，女儿现年16岁，儿子现年13岁。由于时代的发展，农村婚姻迁移女性受教育程度不断提升，从而推迟初婚初育的年龄。但是在访谈中也有少数农村婚姻迁移女性的初婚初育年龄较低，“周某，现年42岁，1990年她和丈夫结婚，当时她20岁，她和丈夫只有一个儿子，今年22岁。”

二、生育子女个数

农村婚姻迁移女性的生育个数低于本地已婚女性平均生育个数，“刘某，1984年1月出生于湖北，属鼠，现年30岁，大学本科毕业，丈夫出生于1979年，潮州人，两人育有一子，现年4岁，在读幼儿园小班。”本地已婚女性的生育个数较高：“韩某有三个孩子，两个女儿和一个儿子。”

在婚育行为方面，首先，农村婚姻迁移女性的婚育行为总体上表现为“初婚初育年龄相对较大，生育子女个数少”。她们更能够响应和遵守国家人口政策。本地已婚女性的初婚初育年龄低于前者的初婚初育年龄，后者的生育子女个数高于前者的生育子女个数。但在访谈中也有少数农村婚姻迁移女性的初婚初育年龄较小，生育子女个数较多的现象。其次，经过进一步深度访谈后发现，这些农村婚姻迁移女性婚育行为受到通婚圈、教育程度的影响。长距离的通婚使农村婚姻迁移女性初婚初育年龄相对于短距离通婚的农村婚姻迁移女性要高，生育子女个数要少。受教育程度高的农村婚姻迁移女性的初婚初育年龄较高，生育子女个数少。

第六节　农村婚姻迁移女性的夫妻权利趋于平权

根据本章研究内容与分析框架，我们从日常决策权和投资决策权两个方面来测度夫妻权力。

夫妻日常决策权我们利用访谈提纲中“在您家里，家务劳动谁做得多些？您一天都做什么家务，一天大概多长时间（小时）？在给自己买衣服、交朋友、支配自己财务等方面您自己是否有自主权”来测度；投资决策权我们利用访谈提纲中“在您家里，做重大决策时谁说了算（例如购买大件商品、投资或贷款）”一题来测度。

一、日常决策权

日常决策权是体现夫妻权力的测度之一，女性日常决策权越高，在夫妻权力上就越大。不管是农村婚姻迁移女性还是本地已婚女性，在日常生活中都有很大的决策权。婚迁女性：说到在给自己买衣服、交朋友、支配自己财务方面能否自主的问题时，她毫不犹豫地回答：“能！”本地女性：“在甜甜家里，丈夫做的家务劳动更多一些，甜甜平常会做饭，大概一个小时左右。在给自己买衣服、交朋友、支配自己财务方面，甜甜也有财务自主权。”但是也有一部分农村婚姻迁移女性没有日常决策权“在家里都是丈夫说了算，自己买衣服交朋友都没有自主权”。

二、投资决策权

根据访谈记录发现，农村女性的投资决策权分为三种类型：丈夫说了算、夫妻双方共同商量、妻子说了算。对婚迁女性和本地已婚女性来说，家庭重大投资决策权掌握在丈夫手里，婚迁女性：“对于购买大件物品，投资这一些问题，主要还是男方说了算，男方掌握着经济大权”，本地女性：“遇到重大的事情要做决策的时候一般都是丈夫说了算”。“家里的重大决策一般都是男人说了算，买房、买家具这些都是丈夫一个人决定的。”大部分农村婚姻迁移女性家庭比较民主，投资决策权由夫妻双方共同商量“在做重大决策时，比如购买大件商品、投资或贷款时，一般由我俩商量着来，不像自己的爸妈，在买什么东西时，爸爸一个人掌权，他一个人说了算”。在深度访谈中，我们还发现一部分农村婚姻迁移女性家庭中，妻子掌握着投资决策权，“在她家里，做重大决策时都是夫妻两人商量着来的，但主要以她的意见为主，比如购买大件商品、投资或贷款时，她的意见起决定性作用”。

在夫妻权力方面，首先，随着社会的进步和女性工作机会的增加，家庭中妻子的权力范围逐步由日常事务决策权逐步过渡到重大事务决策权，体现为妻子权力大大增加。访谈中大多数农村婚姻迁移女性和本地已婚女性普遍具有日常决策权。在投资决策权上存在一定的地域差异，大部分农村婚姻迁移女性和本地已婚女性的家庭投资决策权掌握在丈夫手上。其次，在访谈中发现，一些农村婚姻迁移女性的夫妻权力存在失衡，一方面由于短期内家庭经济来源依靠丈夫的现象无法改变，另一方面夫妻权力失衡是由于夫妻在结婚时妻子的嫁妆占彩礼的比例较低造成妻子在日常投资决策权上缺乏主动性。但是从整个访谈记录来看，农村婚姻迁移女性的夫妻家庭权力逐渐趋于平权化。

第十一章　研究结论与建议

本章主要包括三部分内容：在宏观层面，从社会迁移和制度迁移两个角度分别总结了农村婚姻迁移女性的迁移模式；从个体层面总结了农村婚姻迁移女性的经济发展、健康状况、社会融合、婚育行为和夫妻权力的相关结论；提出促进农村婚姻迁移女性发展的公共政策建议。

本书分析了中国农村婚姻迁移女性的婚姻迁移模式和女性的发展及影响因素。本书对于中国农村婚姻迁移女性迁移模式的研究主要来自于第五次和第六次全国人口普查数据。这两次人口普查对于夫妻的教育、初婚年龄、职业等信息都有详细调查，运用1%抽样数据的汇总整理，能够比较全面反映中国农村婚姻迁移女性社会迁移模式现状。对于户籍身份和婚姻流动的研究，运用了中国人民大学社会学系和香港科技大学社会调查中心合作的2006年度全国综合社会调查（CGSS2006）成果。对于农村婚姻迁移女性的发展研究，主要从经济发展、健康状况、社会融合、婚育行为和夫妻权力五个方面进行分析，运用2014年1—2月全国9省百村“婚姻迁移与女性发展”抽样调查数据，调查样本具有一定代表性。本书从就业状况和打工时长以及职业来衡量农村婚姻迁移女性的经济发展，从妇科病、健康自评以及抑郁度三个方面评价农村婚姻迁移女性健康状况，从社区参与、人际交往、身份认同和归属感来分析农村婚姻迁移女性的社会融合，从初婚年龄和初育年龄以及生育个数来分析农村婚姻迁移女性的婚育行为，从家庭决策权来分析夫妻权力，最终得到以下结论：

第一节　农村女性婚姻迁移多维模式特征

一、乡乡迁移是农村婚姻迁移的主流

从空间迁移模式看，在农村婚姻迁移女性的迁移模式中，乡乡迁移是主流。总体上婚姻迁移仍然以省内迁移为主，并且主要表现为本县内部迁移。从最终迁入地类型来看，农村地区比重最大，发达地区的城市次之，迁往城镇的比重最小。

在经济较为发达的城市，农村婚姻迁移女性的省际迁移相对较多，而在相对落后的农村地区，农村婚姻迁移女性的省内迁移比重较大。从迁出地角度分析，东部较发达地区农村婚姻迁移女性的迁出比例较小，而西部落后地区迁出比例较大；在两次人口普查数据的纵向比较当中看出，第六次全国人口普查数据相较第五次全国人口普查数据，农村婚姻迁移女性的省际迁移比例明显减少，省内迁移比例也有一定程度的下降。西部贫困地区的婚姻迁移以农村女性为主，而东部发达地区的婚姻迁移则主要是城市女性。同时，通过两次普查数据的纵向比较还发现，农村婚姻迁移女性迁往农村的比重有所减少，而迁往城市和城镇的比例都有所增加，并且迁往城镇增加比例要大于

迁往城市的比例。

二、同类匹配在农村婚姻迁移女性的婚姻匹配中处于主流地位

从社会迁移模式看，同类匹配在农村婚姻迁移女性的婚姻匹配中处于主流地位，这类女性与丈夫的教育匹配显示出向上婚配态势，但是平均教育差最小。从教育程度看，农村婚姻迁移女性的教育程度以初中为主，而她们丈夫的教育程度则普遍相对较高；与其他女性人群相比，农村婚姻迁移女性的教育程度普遍较高，而农村婚姻迁移女性的丈夫比全部已婚男性的教育程度要高，但是与全部男性相比较，农村婚姻迁移女性的丈夫教育程度较低；从最终迁入地角度看，迁入发达地区的农村婚姻迁移女性的平均受教育年限较高，而迁入西部落后地区的农村婚姻迁移女性的平均受教育年限较低；相比较总体样本，农村婚姻迁移女性与配偶的平均教育程度差最小。

三、婚姻市场存在户籍制度隔离

从制度迁移模式看，婚姻市场存在户籍制度隔离，农村女性向上流动的社会渠道依然狭窄。在中国传统婚嫁理论中，婚姻迁移被看作家庭资源的再配置和阶级流动的重要途径。本书研究发现，由于户籍制度限制，婚姻市场上存在着隔离。农村女性的父亲或者本人拥有城市户口的人在社会流动中具有相对优势，但是这种优势随着户口类型的社会经济意义改变而逐步弱化，只有较小部分的人可以实现某种意义上的“上迁婚姻”，婚姻在社会流

动上仅发挥有限功能，“后致因素”较“先赋因素”对农村女性社会流动的机会更具决定性作用。

第二节　农村婚姻迁移女性的多维度发展

本书系统研究了农村婚姻迁移女性的经济发展、健康状况、社会融合、婚育行为和夫妻权力的现状以及影响因素，尝试从个体层面来全面反映农村婚姻迁移女性的个体发展现状，得出了以下结论：

一、空间迁移和社会迁移均对农村婚姻迁移女性经济发展影响显著

空间迁移模式和社会迁移模式都会对农村婚姻迁移女性的经济发展从不同维度产生不同方向的影响；同时，农村婚姻迁移女性的经济发展在各个维度普遍优于本地已婚女性。

本书研究发现：婚姻迁移距离越长，农村婚姻迁移女性的个人年收入越低；在年龄匹配上，妻子与丈夫年龄相当时，妻子的个人年收入降低最多，妻子年龄高于丈夫时，妻子的打工时间显著增加；在家庭经济匹配上，当夫妻双方家庭经济情况相当时，妻子的个人年收入显著增加。同时，农村婚姻迁移女性的个人年收入普遍高于本地已婚女性，并且农村婚姻迁移女性中从事农业的比例较小，职业类型多样化，与本地已婚女性相比，农村婚姻迁移女性打工时间较长。以上都反映出农村婚姻迁移女性具有较好的经济福利。这与已有的女性婚姻移民的研究结论稍有不同，

可能的原因是本书的调查样本中，农村婚姻迁移女性的职业多样化，从事农业的比重较小。

二、空间迁移和社会迁移均对农村婚姻迁移女性健康状况影响显著

空间迁移模式对于农村婚姻迁移女性的心理健康有显著的负影响，对于生理健康没有影响；而社会迁移模式中，收入匹配以及年龄匹配对农村婚姻迁移女性心理健康有显著负影响，但是对于其生理健康却有显著正影响，教育匹配对其心理健康有显著正影响。同时，婚姻迁移女性的生理健康状况在各个维度与本地已婚女性差异显著，而心理健康状况总体上没有差异，在婚姻迁移不同类型地区存在一定的差异。

随着通婚距离扩大，抑郁度有所加重。婚姻社会迁移模式对农村婚姻迁移女性的心理健康状况也有显著影响，教育程度较高的农村婚姻迁移女性抑郁度较低，但是丈夫年龄相对较大的农村婚姻迁移女性的抑郁度较高。在生理健康方面，农村婚姻迁移女性的健康自评显著高于本地已婚女性，且妇科病患病率低于本地已婚女性；在心理健康方面，总体上婚姻迁移女性和本地已婚女性并没有显著差别，但是在婚姻迁入地和婚姻均衡地，本地已婚女性的抑郁度明显低于农村婚姻迁移女性。

三、空间迁移对农村婚姻迁移女性社会融合影响显著

空间迁移模式对农村婚姻迁移女性的社会融合有正影响，而社会迁移模式对其社会融合并未产生显著影响；同时，婚姻迁移

女性的社会融合呈现出多元化趋势，在客观行为融合的人际交往这一维度存在弱势，而在社区参与和主观心理融合上并未出现弱势现象。

实际支持网、情感支持网和社交支持网三个支持网的规模并未对婚姻迁移女性的社会融合产生显著影响，但情感支持网中的弱关系在婚姻迁移女性社会融合过程中表现出了方向不一致的作用，即在显著提高其行为融合的同时也阻碍了其心理融合的实现。农村婚姻迁移女性的社区参与和本地已婚女性并无显著差异，人际交往频率显著低于本地已婚女性；七成以上的这类女性身份认同度较高，归属感较强，总体上反映出她们的心理融合状况较好。同时，婚姻迁移女性在主流社区的融合过程中，存在社会资源分配不平等、社区居民态度不友善等现象，这不利于她们顺利实现社会融合；在社会融合的过程中，行为融合和心理融合之间存在递进关系，行为融合对她们的心理融合有一定的正向影响。

四、空间迁移和社会迁移均对农村女性的婚育行为影响显著

长距离通婚的农村婚姻迁移女性的婚育行为更加符合国家政策，而当年龄匹配和教育匹配中妻子教育水平更高时，其婚育行为也更加符合国家政策。同时，农村婚姻迁移女性更能积极地响应及遵守国家人口政策，且社区居民的态度对她们的婚育行为影响较大。

从空间迁移模式来看，通婚圈对于农村婚姻迁移女性的婚育行为有显著影响，与省内迁移的女性相比，省际婚姻迁移女性的

“晚婚、晚育、少生”行为更加普遍，这符合计划生育政策。同时，农村婚姻迁移女性初婚年龄和初育年龄均显著大于本地已婚女性；但生育个数平均为1.51个，与本地已婚女性并无差异。

五、社会迁移对农村婚姻迁移女性的夫妻权力影响显著

社会迁移模式中收入匹配会对农村婚姻迁移女性的夫妻权力产生显著正影响，婚姻支付对于她们的家庭权利也有显著正影响，但是短期内家庭经济来源依靠丈夫的局面无法改变。同时，中国农村的夫妻权力存在地域差异，不同地区间的经济发展程度、现代化进程水平和文化风俗造成了家庭权力的差异性。

西部欠发达地区（如四川和云南）传统文化根深蒂固，男权家庭比例高于东部发达地区10%以上。当妻子收入高于丈夫时，农村女性的家庭权力在日常投资权和家庭决策权两方面都明显增强。同时，婚前经济资源资源匹配（婚姻支付），代表了婚姻迁移女性和丈夫的相对家庭经济状况，婚姻支付对于农村婚姻迁移女性的夫妻权力也有显著正影响。

第三节　多层次公共政策促进农村婚姻迁移女性发展

婚姻迁移与农村女性发展的关系是多维度、多层面的结构性关联，婚姻迁移对于农村女性来说是实现社会流动的主要渠道，农村女性的发展与其进行婚姻迁移的模式有着密不可分的关系。本书对于农村婚姻迁移女性的婚姻迁移模式和女性发展状况进行

了系统实证研究。婚姻迁移模式对农村女性发展产生了多维度和多层面的影响，与本地已婚女性相比，婚姻迁移女性发展并未在各维度呈现出明显的弱势性，在某些方面反而呈现出较强的优势，尤其是在经济发展、生理健康和婚育行为方面。基于本书的研究结论，我们提出以下政策建议：

一、两地政府的支持是提高婚姻移民生活和发展的前提

消除婚姻移民在异地生活和发展存在的制度上的障碍就要解除户籍制度、性别身份等多重制度的限制。在保证制度壁垒消除的前提下，相关部门在公共政策制定和宣传倡导方面还应当鼓励农村女性扩大自身的婚姻选择空间，通过婚姻的跨地区流动，使个人的健康状况和经济发展状况得以改善。同时，政府还应当努力引导当地居民积极接纳婚姻迁移的女性群体，在生活和精神层面给予其一定的慰藉，使她们的社会融合能得到较大的提升，从而更好地提升她们的健康状况和经济发展状况。

二、政府要多措并举大力发展农村经济

首先，改善贫困乡村交通落后、信息闭塞之状况，积极有效地开展扶贫工作，使这些地区的女性尽快摆脱贫困、迈向小康。其次，各级政府应为农村女性提供各种就业渠道和就业信息，加强对适婚女性外出流动的指引和管理，为农村女性外出提供切实有效的信息和中介服务。同时，坚决贯彻九年制义务教育，充分利用职业技术学校、成人教育、科普下乡等资源，加强对农村女性的基础教育和职业培训，提高其谋生的本领。最后，政府应为

农村婚姻迁移女性提供必要的医疗保障体系，提高她们的健康水平和对于健康的认知，农村可以采取有效的生殖健康和心理健康相关知识的宣传教育，加深女性对健康知识的了解。

三、政府应注重促进性别平等

首先，在各类政策制定时，不要刻意强调女性尤其是婚姻迁移女性的弱势地位，从源头上树立起性别平等的理念；其次，加强农村婚姻迁移的自我意识觉醒，主要是鼓励女性提高教育水平，同时政府可以根据各地实际情况给予婚姻迁移女性家庭一定的补助，促进其在家庭权力方面的平等。

四、社区应该多举办全民参与活动

对于村里举办的活动，诸如文娱体育、城里的协会团体活动等，应该多鼓励甚至由农村婚姻迁移女性负责督促参加，因此需要外部力量来推动这些人主动参加活动。通过参与这些活动，激励她们人际交往的信心和勇气，使其在观念上发生改变，促进农村婚姻迁移女性融入到社区中。同时，加强对社区接纳这类女性的宣传教育。通过加强农村地区和人群之间的交流来转变地方婚育观念。

五、农村婚姻迁移女性要发挥主观能动性

首先要调整心态，积极面对生活中的各种不适应，认识到融合是一个长期过程，并且要付出努力，以开放的心态看待不同地

域的种种差别；其次，树立正确的家庭婚姻观念，提升处理各类矛盾的能力，同时增加对迁入地的了解，培养社区意识；最后，要积极主动扩大社会交往，构建新的社会关系网络，积极地参加邻里的各种活动和村镇或社区的公共事务，建立融洽的乡邻关系，在心理层面增加对迁入地的身份认同与归属感，增强主人翁意识，增强对迁入地居民的社会信任，实现从外地人到本地人的身份转变，从心理上融入迁入地的社会生活体系。

附　录

附录 1　第四章统计分析的 Lem 程序中的 ϕ 值

年份	1a	1b	2a	2b
1981	1	6.9179	1	10.4043
1982	0.48	4.2607	11.5985	65.4694
1983	1.0474	22.5906	–0.1785	2.3979
1984	0.8291	6.2975	–0.2221	6.718
1985	0.7429	5.8863	1.0391	3.9465
1986	0.5995	3.5773	0.9028	2.3446
1987	0.9725	7.8503	0.999	12.7875
1988	0.7422	5.1096	–0.3945	–1.527
1989	0.6577	5.5837	2.8999	69.1443
1990	0.7464	7.3481	–0.1454	–0.0434
1991	0.7489	14.0906	1.4579	5.0726
1992	1.018	11.8135	0.495	7.4036
1993	3.3625	12.3656	–0.0879	0.9572
1994	0.8623	6.2101	0.3465	0.5221
1995	0.922	5.9488	0.3813	1.298
1996	0.955	9.4197	0.2323	0.6009
1997	0.9411	9.0456	0.2421	0.5759
1998	0.957	8.4821	0.2346	0.841
1999	0.9993	11.2238	0.2131	0.6506
2000	0.9915	8.5777	0.2468	1.3821
2001	1.0165	8.3516	0.6716	4.4212
2002	0.8812	6.9609	0.3613	0.0606

续表

年份	1a	1b	2a	2b
2003	1.1367	12.6639	0.5523	2.4321
2004	1.0396	12.8286	0.3599	2.5233
2005	1.0282	11.3861	0.4094	0.6646
2006	0.9379	8.6741	–0.8577	–6.0326
2007	1.0372	10.7825	0.3179	2.5398
2008	1.1008	12.4902	0.2227	0.374
2009	1.043	11.0731	0.3504	0.9347
2010	1.1023	10.5422	0.3307	2.3352

附录2 调查问卷（A/B卷）

根据《统计法》第三章第十四条，本资料“属于私人、家庭的单项调查资料，非经本人同意，不得泄漏”。

百村调查问卷（已婚女性A卷）

问卷编码：□□□□□□□□

您好！西安财经学院人口与发展研究所正在做一项有关流动与农村女性发展的社会调查，特邀请您参加本次调查，谢谢您的合作！我们会问您一些有关您现在生活的问题，包括您及您家庭的基本情况、您的生活状况、社会关系、婚姻、生育和养老等问题。整个调查大约需要30分钟，本次调查收集到的信息将严格保密，谢谢您的合作！调查对象为：**外地嫁入、嫁到外地以及本地已婚女性（外地指本县以外）。**

西安财经学院人口与发展研究所

2014年01月

被访人姓名　　　　　　被访人联系电话：

被访人住址　　省(市、自治区)　　市(地区)　　县(市、区)　　乡(镇)　　村

访问时间　　□□月□□日　　　如果调查未完成，原因是：

问卷是否合格（在方格内打“✓”)：合格□　　　不合格□

第一部分　基本信息

101. 您是什么时候出生的？阳历：□□□□年□□月

102. 您是哪个民族？　□

1汉族　2少数民族*（请注明）*

103. 您的身高□□□（cm）体重□□□（kg）

104. 您的受教育程度是：□

1不识字或很少识字　2小学　3初中　4高中（含中专、技校）

5大专及以上

105. 您个人目前的职业属于*（兼业者填写主要收入来源的职业）*　□□

1务农　2养殖专业户　3打工　4个体户

5学生　6工匠　7私营企业主　8村干部

9 乡镇干部　10 教师或医生　11 其他 *（请注明）*

106. 您婚后是否曾经（或正在）打工？ □

您丈夫婚后是否曾经（或正在）打工？ □

1 是　2 否 *（跳问到 107）*

106.1　在去年一年里，您打工时间合计几个月？（不足一个月的按一个月计） □□月

106.2 在去年一年里，您丈夫打工时间合计几个月？（不足一个月的按一个月计） □□月

107. 您家庭去年一年的年收入（包括现金与实物）大约为： □□□□□□□元

其中您个人收入为（包括打工和农业生产收入）： □□□□□□□元

您丈夫去年一年的年收入大约多少： □□□□□□□元

108. 您家的耕地面积是 □□亩□□分

109. ***除了您本人，***您的兄弟姐妹的数量：　兄弟的数量□　姐妹的数量□

除了您丈夫本人，丈夫的兄弟姐妹数量：　兄弟的数量□　姐妹的数量□

110. 您目前常住在哪里？ □

1 本村　2 本镇（乡）　3 本县　4 本市　5 本省　6 外省 *（请注明）* ____　7 国外 *（请注明）* ____

111. 您现在和谁住在一起？

____ *（请用文字注明）*

第二部分　经济和健康

201. 去年一年里，您的家庭总花费大约多少元？ □□□□□□□元

其中，下列支出各多少元？

201.1 生产性支出（用于耕地或种植或养殖中的种子化肥、农具雇工等）： □□□□□□□元

201.2 子女教育支出： □□□□□□□元

201.3 劳动力的培训支出（自学技能和企业组织的技能培训）： □□□□□□□元

201.4 看病支出： □□□□□□□元

201.5 红白喜事随礼支出： □□□□□□□元

201.6 健康保健支出（保健品、维生素、钙片等）： □□□□□□□元

202. 您家住房的基本结构： □

1 钢筋水泥　2 砖（石）瓦房　3 砖草（土）房　4 木房　5 草（土）房　6 其他 *（请注明）* ________

203. 现在您的住房能折成多少钱？ □□□□□□□□元

204. 您家庭现在有收入来源的有 □□人

205. 您家每个月的基本生活费是多少？ □□□□□元

您家每月用在饮食方面的费用： □□□□元

206. 您个人名下是否有存款？ □

1 有 2 无

207. 您认为您健康状况如何？ □

1 非常好 2 良好 3 一般 4 较差 5 非常差

208. 过去的一年里您是否生病住院？ □

1 生病且住院 花费□□□□□元 2 生病但没有住院 花费□□□□□元 3 没生病

209. 您平常身体不舒服，一般在哪里做治疗？ □

1 正规医院 2 私人诊所 3 村 / 社区 / 单位卫生室 4 自己买药治 5 没去治疗 6 其他 *（请注明）* ____

210. 您最近一次做妇科检查是在什么时候？ □

1 一年内 2 一年至两年内 3 两年至三年内 4 三年以上 5 从不检查

211. 您目前是否有妇科疾病？ □

1 无 2 有，但不影响生活 3 有，影响生活 4 不知道

第三部分 婚姻和家庭

301. 您结婚的时间是：*（再婚者请回答当前婚姻的结婚时间）*

阳历：□□□□年□□月

302. 您婚前找对象更关注他的 *（按重要程度最多选两个）* □□

1 外貌 2 人品 3 家庭 4 地域 5 职业 6 性格 7 财富 8 教育 9 其他 *（请注明）* ______

303. 您和丈夫是如何认识的？ □

1 父母安排 2 亲友介绍 3 媒人介绍 4 自己认识 5 其他 *（请注明）* ______

304. 您当时结婚由谁决定的？ □

1 完全由父母决定 2 父母决定，征求本人意见 3 本人决定，征求父母意见 4 完全由本人决定 5 其他 *（请注明）* ______

305. 结婚前，当您需要借一大笔钱，您可以向谁借？您通常会找的各类人的个数：

家人和亲戚□□人 邻居□□人 朋友□□人

306. 结婚前，如果您要串门聊天、赶集（会）、逛商店、看戏、看电影等，您通常会找的各类人的个数：

家人和亲戚□□人 邻居□□人 朋友□□人

307. 您找对象时，给您提供帮助的人数：

家人和亲戚□□人　邻居□□人　朋友□□人

308. 您丈夫的出生日期：　　　　　　　　　　　　阳历：□□□□年□□月

309. 您丈夫是哪个民族？　□

1 汉族　2 少数民族 *（请注明）*

310. 您丈夫的身高□□□（cm）　体重□□□（kg）

311. 您丈夫的受教育程度：　□

1 不识字或很少识字　2 小学　3 初中　4 高中（含中专、技校）　5 大专及以上

312. 您丈夫目前的职业 *（若兼职，则只需填写主要收入来源的职业）*：　□□

01 务农　02 养殖专业户　03 打工　04 个体户

05 学生　06 工匠　07 私营企业主　08 村干部

09 乡镇干部　10 教师或医生　11 其他 *（请注明）*

313. 在您结婚时的所有花费中：(1 有　0 无)

彩礼（现金和实物）□□□□□□□□元　　其中大部分流向：娘家□　夫妻二人□

嫁妆（现金和实物）□□□□□□□□元　　其中大部分流向：婆家□　夫妻二人□

准备新房　□□□□□□□元

摆酒席费用　□□□□□□□元

结婚介绍人收取费用（现金和实物）　□□□□□□□元

314. 您结婚时，当时和谁一起居住？　□

1 丈夫的父母　2 自己的父母　3 在双方父母家各有住房，两头住

4 独立门户 *（跳问至 317）*　5 两地分居 *（跳问至 317）*　6 其他 *（请注明）* ______

315. 是否分家？　□

1 是　2 否 *（跳问至 317）*

316. 从结婚到分家的时间有多久？　□□月

317. 您结婚时的经济状况：1 好很多　2 好一些　3 相当　4 差一些　5 差很多

317.1 您个人的收入与丈夫的收入相比□

317.2 您的家庭经济状况与丈夫家的经济状况相比□

318. 与您丈夫相比，您来自什么地方？　□

1 本县　2 本市　3 本省　4 外省 *（请注明）* ___　5 国外 *（请注明）* ___

319. 您目前共有□个孩子 *（生育数为 0 的跳问到 320 题）*

孩次	A 性别：1 男孩　2 女孩	B 出生时间（阳历）
1	□	□□□□年□□月
2	□	□□□□年□□月
3	□	□□□□年□□月
4	□	□□□□年□□月

320. 近一年，当您与您丈夫发生争吵或产生矛盾后，您有没有采用、遭受过下列行为？（1 有　0 无）

	采用	遭受
320.1 讲道理	□	□
320.2 讽刺挖苦或辱骂	□	□
320.3 长时间不和对方说话	□	□
320.4 推搡	□	□
320.5 打耳光	□	□
320.6 拳打脚踢	□	□

321. 您未来打算依靠哪种方式来养老？*（按重要程度最多选两项）*　□□

1 养老保险　2 自己多赚钱储蓄　3 儿子　4 女儿　5 儿子女儿无所谓

6 还没考虑过　7 政府救济或补助　8 其他 *（请注明）* ______

322. 父母 / 公婆的代际支持：*（询问已婚、离婚和丧偶的 52 岁以下的女性对父母 / 公婆的支持）*

	A **是否健在** 1 不在（询问下一位） 2 在	B **年龄**	C **教育程度** 1 不识字或很少识字 2 小学 3 初中 4 高中及以上	D **他 / 她居住在何处** 1 生活在一起 2 邻居 3 本村 / 居委会 4 本市或本县 5 其他市县 6 不知道	E **您与他 / 她的关系是否亲近** 1 亲近 2 一般 3 不亲近	F **他 / 她的健康状况如何** 1 不能自理 2 基本自理 3 完全自理	G **近半年你是否帮他 / 她做家务** 1 经常 2 偶尔 3 从不	H **近半年你是否倾听他 / 她谈心事** 1 经常 2 偶尔 3 从不	I **近半年你否给予他 / 她钱物** 1 无 2 100 元以下 3 100—500 元 4 500—1000 元 5 1000 元以上
父亲	□	□□	□	□	□	□	□	□	□
母亲	□	□□	□	□	□	□	□	□	□
公公	□	□□	□	□	□	□	□	□	□
婆婆	□	□□	□	□	□	□	□	□	□

323. 家务劳动：

323.1 您每天家务劳动（洗衣、做饭、收拾屋子、照顾孩子等）时间：

□□小时

323.2 丈夫每天家务劳动（洗衣、做饭、收拾屋子、照顾孩子等）时间：

□□小时

324. 您对以下家务的熟练程度：1 不会做　2 会做但不熟练　3 很熟练　4 *(不读)* 不适用

做饭	洗衣服	喂养牲畜	带孩子	侍候老人	做简单手工品
□	□	□	□	□	□

325. 在下列家庭事务的决定上，你们夫妻通常以谁的意见为主？

1 丈夫　2 妻子　3 共同商量，妻子决定　4 共同商量，丈夫决定　5 共同商量，共同决定　6 *(不读)* 不适用

325.1 家庭日常开支	□
325.2 购买大件商品 / 大型农机具	□
325.3 买房、盖房	□
325.4 决定投资或贷款	□
325.5 孩子的求学 / 升学	□
325.6 赡养本人的父母	□
325.7 赡养公公婆婆	□

326. 你们夫妻二人比较而言：

1 丈夫　2 妻子　3 *(不读)* 差不多　4 *(不读)* 说不清

326.1 谁在家庭中更有实权	□
326.2 谁的社会关系更多	□
326.3 谁承担的养家责任更多	□

327. 以下个人行为中，您有多大程度的自主权：

1 完全自己决定　2 听取丈夫的意见后，自己决定　3 由丈夫决定　4 *(不读)* 不适用

327.1 个人消费行为（如买衣服，买生活品等）	□
327.2 安排自己的闲暇时间	□
327.3 交朋友，参加社会活动	□
327.4 参加劳动培训活动	□
327.5 支配自己的财物（如资助自己的父母或亲属等）	□

328. 本村及本县是否有娘家的家人、亲戚和老乡？ □

1 没有　2 有

第四部分　社会支持与融合

401. 您现在经常到邻居串门聊天或出去和村里的人聊天吗？ □

1 几乎不　2 有时　3 经常

402. 对于团体（如村委会或单位等）组织活动，您： □

1 从不参加　2 偶尔参加　3 经常参加　4 主动参加并积极活动

403. 您平时休闲时的文化娱乐形式有哪些？（1 有　0 无）

1 看电视□　2 打牌 / 打麻将□　3 串门聊天□　4 琴棋书画□

5 旅游□　6 唱歌跳舞看戏□　7 参加公益活动□　8 其他*（请注明）*________

404. 您认为已出嫁的女儿应该怎样继承父母的遗产？ □

1 应与兄弟平分　2 应比兄弟少些　3 应比兄弟多些

4 最好不要　5 无所谓　6 *（不读）*说不清

405. 结婚后，您如果要借东西（如借白糖、钳子），或请人帮助做些屋里屋外的小事（如搬东西、买日常用品），下面的几类人群中分别有多少人帮助您？（实际支持）

家人和亲戚□□人　邻居□□人　朋友□□人　老乡□□人

406. 结婚后，您如果为某些问题心情不好时，比如跟别人吵架、工作上不愉快、生活不如意等，下面的几类人群中，您分别会跟多少人诉说？（情感支持）

家人和亲戚□□人　邻居□□人　朋友□□人　老乡□□人

407. 结婚后，如果您要串门聊天、打牌、喝酒、看戏、看电影等，您通常会找的各类人的个数：(社交支持)

家人和亲戚□□人　邻居□□人　朋友□□人　老乡□□人

408. 现在，当您需要借一大笔钱，您可以向谁借？您通常会找的各类人的个数：

家人和亲戚□□人　邻居□□人　朋友□□人　老乡□□人

第五部分　态度

501. 下面是对您生活幸福感的一些描述，请按照您的真实情况回答。(抑郁度)

1 完全不符合　2 较不符合　3 不确定　4 较符合　5 完全符合

501.1（过去几周里）您觉得每天过得很有意义	□
501.2（过去几周里）您经常觉得高兴不起来，觉得生活没意思	□
501.3（过去几周里）您对自己的睡眠状况满意	□

续表

501.4 您对现在家里的住房环境和经济状况感到不满意	□
501.5 您常因一些小事而烦恼	□
501.6 您经常觉得自己很孤独	□
501.7 与家人在一起，您觉得特别快乐	□
501.8 您觉得生活很幸福（心理福利　幸福感）	□

502. 下面是对您婚姻状态的一些描述，请按照您的真实情况回答。(婚姻满意度)

1 完全不符合　2 较不符合　3 不确定　4 较符合　5 完全符合

502.1 您满意夫妻双方在婚姻中承担的责任	□
502.2 您对丈夫的性格和个人习惯不满意	□
502.3 您满意夫妻双方决定事情和解决矛盾的方式	□
502.4 您不满意夫妻间的交流，觉得您的丈夫并不理解您	□
502.5 您非常满意夫妻一起度过的时间	□
502.6 您对夫妻性生活觉得满意	□
502.7 您觉得自己的婚姻是非常成功的	□

503. 下面是对您生活状态的一些描述，请按照您的真实情况回答。

1 完全不符合　2 较不符合　3 不确定　4 较符合　5 完全符合

503.1 您觉得自己现在是本地人	□
503.2 您能用本地方言与别人进行交流	□
503.3 您觉得村里人看不起您	□
503.4 您现在已经按照本地的饮食和风俗习惯(节庆、丧葬等风俗)生活	□
503.5 如果因为某些原因离开现在的居住地，您会感到留恋	□
503.6 在家里，您可以完全按照自己的方式生活	□
503.7 您与婆家人、亲戚朋友、周围邻居的关系很融洽	□
503.8 您觉得婆家人都尊重您，遇事和您商量，认真采纳您的意见	□
503.9 您喜欢现在的生活环境	□

504. 下面是对您基本情况的一些描述，请按照您的真实情况回答。

1 很好 / 很高　2 较好 / 较高　3 差不多　4 较差 / 较低　5 很差 / 很低

504.1 与您娘家周围的人相比，您觉得您的经济收入	□
504.2 与您娘家周围的人相比，您觉得您的人际关系	□
504.3 与周围的人相比，您觉得您现在的经济收入	□
504.4 与周围的人相比，您觉得您现在的人际关系	□

访问员信息：学校　　　　　姓名

百村调查问卷（已婚女性　B卷）

问卷编码：□□□□□□□□

您好！西安财经学院人口与发展研究所正在做一项有关流动与农村女性发展的社会调查，特邀请您参加本次调查，谢谢您的合作！我们会问您一些有关您现在生活的问题，包括您及您家庭的基本情况、您的生活状况、社会关系、婚姻、生育和养老等问题。整个调查大约需要30分钟，本次调查收集到的信息将严格保密，谢谢您的合作！调查对象为：外地嫁入、嫁到外地以及本地已婚女性（外地指本县以外）。

西安财经学院人口与发展研究所

2014年1月

被访人姓名　　　　被访人联系电话：

被访人住址　　省（市、自治区）　　市（地区）　　县（市、区）　　乡（镇）　　村

访问时间　　　□□月　□□日　如果调查未完成，原因是：

问卷是否合格（在方格内打"✓"）：合格□　　　不合格□

第一部分　基本信息

101. 您是什么时候出生的？阳历：　□□□□年□□月

102. 您是哪个民族？　□

　1 汉族　2 少数民族 *（请注明）*

103. 您的身高□□□（cm）　　体重□□□（kg）

104. 您的受教育程度是：　□

　1 不识字或很少识字　2 小学　3 初中　4 高中（含中专、技校）　5 大专及以上

105. 您个人目前的职业属于 *（兼业者填写主要收入来源的职业）*　□□

　1 务农　2 养殖专业户　3 打工　4 个体户

　5 学生　6 工匠　7 私营企业主　8 村干部

　9 乡镇干部　10 教师或医生　11 其他 *（请注明）*

106. 您婚后是否曾经（或正在）打工？　□

　您丈夫婚后是否曾经（或正在）打工？　□

　1 是　2 否 *（跳问到107）*

　106.1 在去年一年里，您打工时间合计几个月？（不足一个月的按一个月计）　□□月

106.2 在去年一年里，您丈夫打工时间合计几个月？（不足一个月的按一个月计） □□月

107. 您家庭去年一年的年收入（包括现金与实物）大约为： □□□□□□元

其中您个人收入为（包括打工和农业生产收入）： □□□□□□元

您丈夫去年一年的年收入大约多少： □□□□□□元

108. 您家的耕地面积是 □□亩□□分

109. 除了您本人，您的兄弟姐妹的数量： 兄弟的数量□ 姐妹的数量□

除了您丈夫本人，丈夫的兄弟姐妹数量： 兄弟的数量□ 姐妹的数量□

110. 您目前常住在哪里？ □

1 本村 2 本镇（乡） 3 本县 4 本市 5 本省 6 外省 *（请注明）* ____ 7 国外 *（请注明）* ____

111. 您现在和谁住在一起？

________________________________ *（请用文字注明）*

第二部分 经济和健康

201. 去年一年里，您的家庭总花费大约多少元？ □□□□□□元

其中，下列支出各多少元？

201.1 生产性支出（用于耕地或种植或养殖中的种子化肥、农具雇工等）： □□□□□□元

201.2 子女教育支出： □□□□□□元

201.3 劳动力的培训支出（自学技能和企业组织的技能培训）： □□□□□□元

201.4 看病支出： □□□□□□元

201.5 红白喜事随礼支出： □□□□□□元

201.6 健康保健支出（保健品、维生素、钙片等）： □□□□□□元

202. 您家住房的基本结构： □

1 钢筋水泥 2 砖（石）瓦房 3 砖草（土）房 4 木房 5 草（土）房 6 其他 *（请注明）* ______

203. 现在您的住房能折成多少钱？ □□□□□□□元

204. 您家庭现在有收入来源的有 □□人

205. 您家每个月的基本生活费是多少？ □□□□□元

您家每月用在饮食方面的费用： □□□□元

206. 您个人名下是否有存款？ □

1 有 2 无

207. 您认为您健康状况如何？ □

1 非常好　2 良好　3 一般　4 较差　5 非常差

208. 过去的一年里您是否生病住院？ □

1 生病且住院　花费□□□□□元　2 生病但没有住院　花费□□□□□元　3 没生病

209. 您平常身体不舒服，一般在哪里做治疗？ □

1 正规医院　2 私人诊所　3 村 / 社区 / 单位卫生室　4 自己买药治　5 没去治疗　6 其他 *（请注明）* ____

210. 您最近一次做妇科检查是在什么时候？ □

1 一年内　2 一年至两年内　3 两年至三年内　4 三年以上　5 从不检查

211. 您目前是否有妇科疾病？ □

1 无　2 有，但不影响生活　3 有，影响生活　4 不知道

第三部分　婚姻和家庭

301. 您结婚的时间是：*（再婚者请回答当前婚姻的结婚时间）* 阳历：□□□□年□□月

302. 您婚前找对象更关注他的 *（按重要程度最多选两个）* □□

1 外貌　2 人品　3 对方家庭　4 地域　5 职业　6 性格　7 财富　8 教育　9 其他 *（请注明）* ______

303. 您和丈夫是如何认识的？ □

1 父母安排　2 亲友介绍　3 媒人介绍　4 自己认识　5 其他 *（请注明）* ______

304. 您当时结婚由谁决定的？ □

1 完全由父母决定　2 父母决定，征求本人意见　3 本人决定，征求父母意见　4 完全由本人决定　5 其他 *（请注明）* ______

305. 结婚前，当您需要借一大笔钱，您可以向谁借？您通常会找的各类人的个数：

家人和亲戚□□人　邻居□□人　朋友□□人

306. 结婚前，如果您要串门聊天、赶集（会）、逛商店、看戏、看电影等，您通常会找的各类人的个数：

家人和亲戚 □□人　邻居□□人　朋友□□人

307. 您找对象时，给您提供帮助的人数：

家人和亲戚□□人　邻居□□人　朋友□□人

308. 您丈夫的出生日期：阳历：□□□□年□□月

309. 您丈夫是哪个民族？ □

1 汉族　2 少数民族 *（请注明）*

310. 您丈夫的身高□□□（cm）　体重□□□（kg）

311. 您丈夫的受教育程度：　□

1 不识字或很少识字　2 小学　3 初中　4 高中（含中专、技校）　5 大专及以上

312. 您丈夫目前的职业 *（若兼职，则只需填写主要收入来源的职业）*：　□□

01 务农　02 养殖专业户　03 打工　04 个体户

05 学生　06 工匠　07 私营企业主　08 村干部

09 乡镇干部　10 教师或医生　11 其他 *（请注明）*

313. 在您结婚时的所有花费中：(1 有　0 无)

彩礼（现金和实物）□□□□□□□□元　其中大部分流向：娘家□　夫妻二人□

嫁妆（现金和实物）□□□□□□□□元　其中大部分流向：婆家□　夫妻二人□

准备新房　□□□□□□□元

摆酒席费用　□□□□□□□元

结婚介绍人收取费用（现金和实物）　□□□□□□□元

314. 您结婚时，当时和谁一起居住？　□

1 丈夫的父母　2 自己的父母　3 在双方父母家各有住房，两头住

4 独立门户 *（跳问至 317）*　5 两地分居 *（跳问至 317）*　6 其他 *（请注明）* ________

315. 是否分家？　□

1 是　2 否 *（跳问至 317）*

316. 从结婚到分家的时间有多久？　□□月

317. 您结婚时的经济状况：1 好很多　2 好一些　3 相当　4 差一些　5 差很多

317.1 您个人的收入与丈夫的收入相比□

317.2 您的家庭经济状况与丈夫家的经济状况相比□

318. 与您丈夫相比，您来自什么地方？　□（通婚圈）

1 本村　2 本镇（乡）　3 本县　4 本市　5 本省　6 外省 *（请注明）* ___

7 国外 *（请注明）* ___

319. 您目前共有□个孩子 *（生育数为 0 的跳问到 320 题）*

孩次	A 性别：1 男孩　2 女孩	B 出生时间（阳历）
1	□	□□□□年□□月

续表

孩次	A 性别：1 男孩　2 女孩	B 出生时间（阳历）
2	□	□□□□年□□月
3	□	□□□□年□□月
4	□	□□□□年□□月

320. 近一年，当您与您丈夫发生争吵或产生矛盾后，您有没有采用、遭受过下列行为？（1 有　0 无）

	采用	遭受
320.1 讲道理	□	□
320.2 讽刺挖苦或辱骂	□	□
320.3 长时间不和对方说话	□	□
320.4 推搡	□	□
320.5 打耳光	□	□
320.6 拳打脚踢	□	□

321. 您未来打算依靠哪种方式来养老？*（按重要程度最多选两项）* □□

1 养老保险　2 自已多赚钱储蓄　3 儿子　4 女儿　5 儿子女儿无所谓

6 还没考虑过　7 政府救济或补助　8 其他 *（请注明）* ______

322. 父母 / 公婆的代际支持：*（询问已婚、离婚和丧偶的 52 岁以下的女性对父母 / 公婆的支持）*

	A **是否健在** 1 不在（询问下一位） 2 在	B **年龄**	C **教育程度** 1 不识字或很少识字 2 小学 3 初中 4 高中及以上	D **他 / 她居住在何处** 1 生活在一起 2 邻居 3 本村 / 居委会 4 本市或本县 5 其他市县 6 不知道	E **您与他 / 她的关系是否亲近** 1 亲近 2 一般 3 不亲近	F **他 / 她的健康状况如何** 1 不能自理 2 基本自理 3 完全自理	G **近半年你是否帮他 / 她做家务** 1 经常 2 偶尔 3 从不	H **近半年你是否倾听他 / 她谈心事** 1 经常 2 偶尔 3 从不	I **近半年你否给予他 / 她钱物** 1 无 2 100 元以下 3 100—500 元 4 500—1000 元 5 1000 元以上
父亲	□	□□	□	□	□	□	□	□	□
母亲	□	□□	□	□	□	□	□	□	□
公公	□	□□	□	□	□	□	□	□	□
婆婆	□	□□	□	□	□	□	□	□	□

323. 家务劳动：

323.1 您每天家务劳动（洗衣、做饭、收拾屋子、照顾孩子等）时间：

□□小时

323.2 丈夫每天家务劳动（洗衣、做饭、收拾屋子、照顾孩子等）时间：

□□小时

324. 您对以下家务的熟练程度：1 不会做　2 会做但不熟练　3 很熟练　4 *（不读）* 不适用

做饭	洗衣服	喂养牲畜	带孩子	侍候老人	做简单手工品
□	□	□	□	□	□

325. 在下列家庭事务的决定上，你们夫妻通常以谁的意见为主？

1 丈夫　2 妻子　3 共同商量，妻子决定　4 共同商量，丈夫决定　5 共同商量，共同决定　6 *（不读）* 不适用

325.1 家庭日常开支	□
325.2 购买大件商品 / 大型农机具	□
325.3 买房、盖房	□
325.4 决定投资或贷款	□
325.5 孩子的求学 / 升学	□
325.6 赡养本人的父母	□
325.7 赡养公公婆婆	□

326. 你们夫妻二人比较而言：

1 丈夫　2 妻子　3 *（不读）* 差不多　4 *（不读）* 说不清

326.1 谁在家庭中更有实权	□
326.2 谁的社会关系更多	□
326.3 谁承担的养家责任更多	□

327. 以下个人行为中，您有多大程度的自主权：

1 完全自己决定　2 听取丈夫的意见后，自己决定　3 由丈夫决定　4 *（不读）* 不适用

327.1 个人消费行为（如买衣服，买生活品等）	□
327.2 安排自己的闲暇时间	□
327.3 交朋友，参加社会活动	□
327.4 参加劳动培训活动	□
327.5 支配自己的财物（如资助自己的父母或亲属等）	□

第四部分 社会支持与融合

401. 您现在经常到邻居串门聊天或出去和村里的人聊天吗？ □

1 几乎不 2 有时 3 经常

402. 对于团体（如村委会或单位等）组织活动，您： □

1 从不参加 2 偶尔参加 3 经常参加 4 主动参加并积极活动

403. 您平时休闲时的文化娱乐形式有哪些？（1 有 0 无）

1 看电视□ 2 打牌 / 打麻将□ 3 串门聊天□ 4 琴棋书画□

5 旅游□ 6 唱歌跳舞看戏□ 7 参加公益活动□ 8 其他 *（请注明）*________

404. 您认为已出嫁的女儿应该怎样继承父母的遗产？ □

1 应与兄弟平分 2 应比兄弟少些 3 应比兄弟多些

4 最好不要 5 无所谓 6 *（不读）* 说不清

405. 结婚后，您如果要借东西（如借白糖、钳子），或请人帮助做些屋里屋外的小事（如搬东西、买日常用品），下面的几类人群中分别有多少人帮助您？

家人和亲戚□□人 邻居□□人 朋友□□人

406. 结婚后，您如果为某些问题心情不好时，比如跟别人吵架、工作上不愉快、生活不如意等，下面的几类人群中，您分别会跟多少人诉说？

家人和亲戚□□人 邻居□□人 朋友□□人

407. 结婚后，如果您要串门聊天、打牌、喝酒、看戏、看电影等，您通常会找的各类人的个数：

家人和亲戚□□人 邻居□□人 朋友□□人

408. 现在，当您需要借一大笔钱，您可以向谁借？您通常会找的各类人的个数：

家人和亲戚□□人 邻居□□人 朋友□□人

第五部分 态度

501. 下面是对您生活幸福感的一些描述，请按照您的真实情况回答。（抑郁度）

1 完全不符合 2 较不符合 3 不确定 4 较符合 5 完全符合

501.1（过去几周里）您觉得每天过得很有意义	□
501.2（过去几周里）您经常觉得高兴不起来，觉得生活没意思	□
501.3（过去几周里）您对自己的睡眠状况满意	□
501.4 您对现在家里的住房环境和经济状况感到不满意	□
501.5 您常因一些小事而烦恼	□

续表

501.6 您经常觉得自己很孤独	□
501.7 与家人在一起，您觉得特别快乐	□
501.8 您觉得生活很幸福	□

502. 下面是对您婚姻状态的一些描述，请按照您的真实情况回答。（生活满意度）

1 完全不符合　2 较不符合　3 不确定　4 较符合　5 完全符合

502.1 您满意夫妻双方在婚姻中承担的责任	□
502.2 您对丈夫的性格和个人习惯不满意	□
502.3 您满意夫妻双方决定事情和解决矛盾的方式	□
502.4 您不满意夫妻间的交流，觉得您的丈夫并不理解您	□
502.5 您非常满意夫妻一起度过的时间	□
502.6 您对夫妻性生活觉得满意	□
502.7 您觉得自己的婚姻是非常成功的	□
502.8 与周围的人相比，您觉得自己现在的经济收入很低	□
502.9 与周围的人相比，您觉得自己现在的人际关系很好	□

访问员信息：学校　　　　　姓名

参考文献

一、论文类

1. 艾大宾、周丽:《四川盆地农村人口婚姻迁移空间演变分析及对策探讨》,《人口学刊》,2010年第6期。

2. 蔡的贵、谭琳:《沿海地区“女性民工荒”的成因及对策探析》,《人口研究》,2006年第2期。

3. 陈荣武、曹锦清:《女性性资本化现象的社会转型逻辑——以女性性出卖为例》,《华东理工大学学报:社会科学版》,2012年第2期。

4. 陈永平:《迁移人口的婚姻结构分析》,《人口学刊》,1990年第4期。

5. 陈玉华、伊庆春、吕玉瑕:《妇女家庭地位之研究:以家庭决策模式为例》,《台湾大学学刊》,2000年第24期。

6. 程广帅、万能:《农村女性婚姻迁移人口的成因及影响》,《西北人口》,2004年第4期。

7. 邓国彬、刘薇:《农村女青年远嫁现象》,《青年研究》,2001年第6期。

8. 邓晓梅:《农村婚姻移民的社会适应及性别差异初探——来自吴江的实证研究》,《西北人口》,2011年第1期。

9. 邓智平:《关于打工妹婚姻逆迁移的调查》,《南方人口》,2004年第19期。

10. 丁金宏、朱庭生、朱冰玲、樊华、孙小铭、林克武:《论城市两地户口婚姻的增长、特征及其社会政策寓意:以上海市为例》,《人口研究》,1995年第5期。

11. 丁金宏:《中国人口省际迁移的原因别流场特征探析》,《人口研究》,

1994年第1期。

12. 丁仁船、吴瑞君：《我国城镇独生子女婚姻匹配状况研究》，《人口与发展》，2011年第17期。

13. 段成荣、邹湘江：《城镇人口过半的挑战与应对》，《人口研究》，2012年第2期。

14. 方敏：《质性访谈中研究》，《社会学理论及方法研究》，2002年第S2期。

15. 风笑天：《农村外出打工青年的婚姻与家庭：一个值得重视的研究领域》，《人口研究》，2006年第1期。

16. 高颖、吴昊：《人口流迁对北京市平均初婚年龄的影响》，《人口研究》，2012年第5期。

17. 高颖、张秀兰：《北京市近年婚配状况的特征及分析》，《中国人口科学》，2011年第6期。

18. 郭志刚、陈功：《1995年1%人口抽样调查资料看北京从妻居婚姻》，《社会学研究》，1999年第5期。

19. 郭志刚、刘金塘、宋健：《现代生育政策与未来家庭结构》，《中国人口科学》2002年第2期。

20. 郭志刚：《对2000年人口普查出生性别比的分层模型分析》，《人口研究》，2007年第3期。

21. 何汇江：《城市贫困群体的社会分裂与融合》，《人文杂志》，2004年第3期。

22. 胡莹、李树茁：《中国当代女性跨省婚姻迁移模式变迁研究》，《妇女研究论》，2015年第1期。

23. 江彬、左停、陆继霞：《湖南省水库移民健康问题及对策建议——基于新化县的田野调查》，《安徽农业科学》，2012年第6期。

24. 蒋美华、王国艳：《农村女性流动人口与城市的社会融合——基于河南省的调查与思考》，《中华女子学院山东分院学报》，2009年第3期。

25. 雷晓燕、许文健、赵耀辉：《高攀的婚姻更令人满意吗？婚姻匹配模式及其长远影响》，《经济学》，2014年第1期。

26. 李博、王鹏翮：《四川省农村居民经济收入的影响因素分析》，《湖南工业职业技术学院学报》，2010年第3期。

27. 李春玲：《中国职业性别隔离的现状及变化趋势》，《江苏社会科学》，2009年第3期。

28. 李后建：《门当户对的婚姻会更幸福吗》，《人口与发展》，2013年第2期。

29. 李建新、王小龙：《初婚年龄、婚龄匹配与婚姻稳定——基于CFPS2010

年调查数据》,《社会科学》,2014 年第 3 期。

30. 李玲、C. Cindy Fan、蒋海红:《人口高密度较发达农业区的经济发展与人口迁移:以广东省高州市为例》,《热带地理》,2000 年第 3 期。

31. 李实、杨修娜:《农民工工资的性别差异及其影响因素》,《经济社会体制比较》,2010 年第 5 期。

32. 李树茁、任义科、费尔德曼、杨绪松:《中国农民工的整体社会网络特征分析》,《中国人口科学》,2006 年第 3 期。

33. 李树茁、任义科、靳小怡、费尔德曼:《中国农民工的社会融合及其影响因素研究》,《人口与经济》,2008 年第 2 期。

34. 李晓铭、方晓义、冒荣、孙志凤:《"中国青年流动人口艾滋病防治教育研究"问卷调查报告》,《公共管理高层论坛》,2006 年第 3 期。

35. 李雅楠、王飞:《城镇居民婚姻匹配和家庭收入变动》,《人口研究》,2013 年第 6 期。

36. 李煜、陆新超:《择偶配对的同质性与变迁——自致性与先赋性的匹配》,《青年研究》,2008 年第 6 期。

37. 李煜、徐安琪:《择偶模式和性别偏好研究——西方理论和本土经验资料的解释》,《青年研究》,2007 年第 10 期。

38. 李煜:《婚姻匹配的变迁:社会的开放型视角》,《社会学研究》,2011 年第 7 期。

39. 李长印:《当代农村青年村内通婚现象调查》,《沈阳农业大学学报:社会科学版》,2012 年第 4 期。

40. 林丹华、范兴华、潘瑾:《环境和个体因素与青少年饮酒行为的关系》,《心理发展与教育》,2010 年第 3 期。

41. 刘越、林朝政、黄惠娟:《流动妇女心理健康状况分析》,《人口学刊》,2010 年第 3 期。

42. 刘芝艳:《当代中国青年农民工跨省婚姻研究——以皖黔鄂三村为例》,武汉,华中科技大学,2009 年。

43. 陆益龙:《"门当户对"的婚姻会更稳吗?——匹配结构与离婚风险的实证分析》,《人口研究》,2009 年第 2 期。

44. 陆益龙:《户籍制度改革与城乡关系的协调发展》,《学海》,2001 年第 6 期。

45. 马本昌:《人口迁移与流动概念及其调查指标设置探讨》,《人口与计划生育》,1998 年第 6 期。

46. 马西恒、童星:《敦睦他者:城市新移民的社会融合之路——对上海市

Y 社区的个案考察》，2008 年第 2 期。

47. 满永：《关系圈与婚姻圈：当代乡土中国的婚姻形成》，《洛阳师范学院学报》，2005 年第 1 期。

48. 毛京沭、尹勤：《江苏省流动妇女性病艾滋病认知现状调查》，《中国公共卫生》，2009 年第 7 期。

49. 穆秀华：《20 世纪 80 年代以来江浙沪农村婚姻观念变迁考察》，上海，华东师范大学，2006 年。

50. 牛建林：《人口流动对中国城乡居民健康差异的影响》，《中国社会科学》，2013 年第 2 期。

51. 彭希哲、刘宇辉：《生态足迹与区域生态适度人口——以西部 12 省市为例》，《人口与发展》，2004 年第 4 期。

52. 齐亚强、牛建林：《新中国成立以来中国婚姻匹配模式的变迁》，《社会学研究》，2012 年第 1 期。

53. 钱铭怡、王易平、章晓云、朱松：《十五年来中国女性择偶标准的变化》，《北京大学学报》（哲学社会科学版），2003 年第 5 期。

54. 钱文荣、张忠明：《农民工在城市社会的融合度问题》，《浙江大学学报》（人文社会科学版），2006 年第 4 期。

55. 秦敬柱、袁长海、刘保锋：《山东省三峡移民健康状况及影响因素分析》，《中国公共卫生》，2010 年第 9 期。

56. 任远、邬民乐：《城市流动人口的社会融合：文献述评》，《人口研究》，2006 年第 87 期。

57. 孙洪铭：《北京郊区农村人口的婚姻迁移》，《人口研究》，1984 年第 2 期。

58. 孙琼如：《婚姻：农村女性迁移的跷跷板——农村女性婚姻迁移的社会学分析》，《青年探索》，2004 年第 6 期。

59. 孙秀艳：《青年择偶标准的历史演变和现实思考》，《社会》，2005 年第 4 期。

60. 谭琳、柯临清：《目前中国女性婚姻迁移的态势和特点》，《南方人口》，1998 年第 2 期。

61. 谭琳、李新建、黄博文、陈明淑、孙淑敏：《女性婚姻迁入对其自身发展影响的研究——关于江苏张家港市的调查报告》，《妇女研究论丛》，1998 年第 4 期。

62. 谭琳、李新建、孙淑敏、黄博文、陈明淑：《农村女性婚姻迁入对迁入地社区发展的影响——关于张家港五个镇女性婚姻迁入的调查报告》，《南方人口》，1999 年第 1 期。

63. 谭琳、苏珊、萧特、刘惠:《"双重外来者"的生活——女性婚姻移民的生活经历分析》,《社会学研究》,2003 年第 2 期。

64. 唐利平:《人类学和社会学视野下的通婚圈研究》,《开放时代》,2005 年第 2 期。

65. 田华:《西南农村妇女——东迁婚配态势探析》,《南方人口》,1991 年第 1 期。

66. 田凯:《关于农民工的城市适应性的调查分析与思考》,《社会科学研究》,1995 年第 5 期。

67. 王爱华、闫琳琳、陈彬:《居民健康福利状况调查——以 L 省 S 市为例》,《特区经济》,2013 年第 3 期。

68. 王爱云:《试析中华人民共和国历史上的子女顶替就业制度》,《中共党史研究》,2009 年第 6 期。

69. 王德文、蔡昉、张国庆:《农村迁移劳动力就业与工资决定:教育与培训的重要性》,《经济学》(季刊),2008 年第 4 期。

70. 王丰、梅森:《中国经济转型过程中的人口因素》,《中国人口科学》,2006 年第 8 期。

71. 王桂新、潘泽翰、陆燕秋:《中国省际人口迁移区域模式变化及影响因素——基于 2000 年和 2010 年人口普查资料的分析》,《中国人口科学》,2012 年第 5 期。

72. 王宏仁、张书铭:《商品化的跨国婚姻市场:以台越婚姻中介业为例》,《台湾社会学》,2003 年第 6 期。

73. 王建伟、郭继志、姜良美:《三峡移民健康状况及医疗卫生服务可及性调查》,《中国公共卫生》,2009 年第 4 期。

74. 王晶:《性别不平等根源的多重视角透视》,《中华女子学院学报》,2004 年第 3 期。

75. 王献蜜、刘梦:《北京市流动妇女生育健康状况及其影响因素》,《中华女子学院学报》,2014 年第 6 期。

76. 王跃生:《当代中国家庭结构变动分析》,《中国社会科学》,2006 年第 1 期。

77. 王震:《新农村建设的收入再分配效应》,《经济研究》,2010 年第 6 期。

78. 韦美神:《"内卷"与"扩大":外出务工对瑶族通婚圈的影响——以广西田东县 L 屯为例》,《广西民族大学学报》(哲学社会科学版),2008 年第 S1 期。

79. 韦美神:《改革开放以来瑶族通婚圈的变迁研究》,《广西民族大学》,2008 年学位论文。

80. 韦艳、蔡文祯：《农村女性的社会流动：基于婚姻匹配的认识》，《人口研究》，2004 年第 4 期。

81. 韦艳、沈志龙：《农村地区分家时间研究：基于生命表的分析》，《南方人口》，2013 年第 4 期。

82. 韦艳、吴莉莉、张艳平：《农村婚姻迁移女性生活福利研究》，《青年研究》，2014 年第 6 期。

83. 伍海霞、李树茁、悦中山：《城镇外来农村流动人口的生育观念与行为分析——来自深圳调查的发现》，《人口研究》，2006 年第 1 期。

84. 肖鸿：《试析当代社会网研究的若干进展》，《社会学研究》，1999 年第 3 期。

85. 谢永飞、刘衍军：《外出对流动人口生育意愿的影响差异分析——以广州市流动人口为例》，《黑龙江社会科学》，2006 年第 2 期。

86. 新山：《婚嫁格局变动与乡村发展——以康村通婚圈为例》，《人口学刊》，2000 年第 1 期。

87. 邢海燕：《农民工健康状况及其卫生政策研究》，《浙江大学》，2008 年博士学位论文。

88. 徐安琪：《夫妻权力和妇女家庭地位的评价指标：反思与检讨》，《社会学研究》，2005 年第 4 期。

89. 徐安琪：《夫妻权力模式与女性家庭地位满意度研究》，《浙江学刊》，2004 年第 2 期。

90. 徐安琪：《婚姻权力模式：城乡差异及其影响因素》，《社会科学文献出版社》，2002 年中国社会学会学术年会获奖论文集。

91. 徐安琪：《择偶标准：五十年变迁及其原因分析》，《社会学研究》，2000 年第 6 期。

92. 杨凤：《当下女性能力发展的困境及根源》，《中华女子学院学报》，2007 年第 2 期。

93. 杨舸、段成荣、王宗萍：《流动还是留守：流动人口子女随迁的选择性及其影响因素分析》，《中国农业大学学报》（社会科学版），2011 年第 4 期。

94. 杨菊华：《从隔离、选择融入到融合：流动人口社会融入问题的理论思考》，《人口研究》，2009 年第 1 期。

95. 杨瑛、武俊青、陶建国：《已婚流动妇女的婚姻及生育状况分析》，《中国公共卫生》，2003 年第 11 期。

96. 仰和芝、刘小干、谢贵春、叶国平、张颢：《农村未婚女性外出打工与通婚地域圈变化关系的实证研究——以安徽 C 村未婚打工女性为例》，《安徽农业科学》，2006 年第 16 期。

97. 仰和芝：《农村打工妇女异地婚嫁生活质量调查》，《中国公共卫生》，2007 年第 6 期。

98. 游正林：《农村妇女远嫁现象研究——河北省香河县外来妇女情况调查》，《社会学研究》，1992 年第 5 期。

99. 苑会娜：《农村已婚女性的流动与留守》，《人口与经济》，2009 年第 3 期。

100. 悦中山、李树茁、费尔德曼：《农民工社会融合的概念建构与实证分析》，《当代经济科学》，2012 年第 1 期。

101. 悦中山、李树茁、靳小怡、费尔德曼：《从“先赋”到“后致”：农民工的社会网络与社会融合》，《社会》，2011 年第 6 期。

102. 张国雄：《九十年代广东五邑侨乡新移民的涉外婚姻观》，《南方人口》，1997 年第 2 期。

103. 张航空、杜静宜：《家庭流动对流动人口家庭成员就业状况的影响》，《人口与经济》，2012 年第 5 期。

104. 张俊良、杨公平：《消费需求扩张的难点与对策》，《理论前沿》，1999 年第 6 期。

105. 张力：《中国的户口制度和城乡人口迁移》，1998 年 21 世纪的中国与世界国际地理学术讨论会论文集。

106. 张文宏、雷开春：《城市新移民社会融合的结构、现状与影响因素分析》，《社会学研究》，2008 年第 5 期。

107. 张翼：《中国阶层内婚制的延续》，《中国人口科学》，2003 年第 4 期。

108. 赵丽丽：《城市女性婚姻移民的社会适应及其影响因素研究——对上海市“外来媳妇”的调查》，《上海交通大学学报》，2008 年第 3 期。

109. 赵丽丽：《中国女性婚姻移民研究的回顾与反思》，《同济大学学报》(社会科学版)，2007 年第 4 期。

110. 郑真真：《中国育龄妇女的生育意愿研究》，《中国人口科学》，2004 年第 5 期。

111. 周皓、李丁：《中国不同省份通婚圈概况及其历史变化——将人口学引入通婚圈的研究》，《开放时代》，2009 年第 7 期。

112. 周丽娜、王忠武：《值得关注的农村通婚圈缩小现象》，《新疆社会科学》，2006 年第 5 期。

113. 朱力：《论农民工阶层的城市适应》，《江海学刊》，2002 年第 6 期。

114. 中国特色社会主义妇女理论与实践课题组：《积极探索中国特色社会主义妇女理论与实践》，《中国妇女报》，2013 年。

二、著作类

1. 沙吉才:《当代中国妇女家庭地位研究》，天津人民出版社 1995 年版。

2. 卢益龙:《户籍制度：控制与社会差别》，商务印书馆 2003 年版。

3. 杨善华:《家庭社会学》，高等教育出版社 2006 年版。

4. 谢宇:《社会学方法与定量研究》，社会科学文献出版社 2006 年版。

5. 费孝通:《乡土中国生育制度》，北京大学出版社 1998 年版。

6. 潘允康:《中国城市婚姻与家庭》，山东人民出版社 1987 年版。

7. 谭琳:《中国性别平等与妇女发展报告》，社会科学文献出版社 2006 年版。

8. 杨小凯、黄有光:《专业化与经济组织》，经济科学出版社 1999 年版。

三、外文文献论文类

1. Arnold J. M., Ludmer P. L., Wright R. F. :Role of reflex sympathetic withdrawal in the hemodynamic response to an increased inotropic state in patients with severe heart failure.[J]. Journal of the American College of Cardiology, 1986, 8（2）:413–418.

2. Becker, Gary S. A. :Theory of Marriage: Part1[J]. Journal of Political Economy, 1973（4）: 813- 846.

3. Bossen L. :Village to Distant Village: the opportunities and risks of long-distance marriage migration in rural China[J]. Journal of Contemporary China, 2007,16（50）:97-116.

4. Burgess E. W, Wallin P. :Homogamy in Social Characteristics[J]. American Journal of Sociology, 1943, 49（2）:109-124.

5. Chan K. W., Buckingham W. :Is China Abolishing the Hukou System?[J]. China Quarterly, 2008, 195（195）:582-606.

6. Chan K. W, Li Z. :The Hukou system and Rural-Urban Migration in China: Processes and Changes[J]. China Quarterly, 1999, 160（160）:818-855.

7. Davin D., Christiansen F., Junzuo Z.: Gender and migration in China, Village Inc

Chinese Rural Society in the 1990s, 1998.

8. Ebenstein A. Y., Sharygin E. J. :The Consequences of the "Missing Girls" of China[J]. World Bank Economic Review, 2009, 23 (3) :399-425.

9. Fan C., Huang Y. :Waves of Rural Brides: Female Marriage Migration in China[J]. Annals of the Association of American Geographers, 1998,88 (2) : 227-251.

10. Gee G. C, Payne-Sturges D. C. :Environmental health disparities: a framework integrating psychosocial and environmental concepts.[J]. Environmental Health Perspectives, 2004, 112 (17) :1645-1653.

11. Goodman L. A. :Simple Models for the Analysis of Association in Cross Classifications Having Ordered Categories[J]. Journal of the American Statistical Association,1979 (74) : 537-552 .

12. Gordon M. :Assimilation in American Life: The Role of Race, Religion and National Origins[J].Journal for the Scientific Study of Religion,1964,4 (1) 168-175.

13. Graves T. D. :Psychological Acculturation in a Tri-Ethnic Community[J]. Southwestern Journal of Anthropology, 1967,23 (4) :337-350.

14. Gushulak B. :Healthier on Arrival? Further Insight into the "Healthy Immigrant Effect" [J]. Canadian Medical Association Journal, 2007, 176 (10) : 1439-1440.

15. Han M., Eades, J.S.:Brides, bachelors and brokers:the marriage market in rural Anhui in an era of economic reform. Modern Asian Studies 1995,29 (4) : 841-869.

16. Hunt T.C. :Occupational Status and Marriage Selection[J]. American Sociological Review, 1940, 5 (4) :495-504.

17. Kalmijn M. :Status Homogamy in the United States[J]. American Journal of Sociology, 1991, 97 (2) :496-523.

18. Kreps J. The Economy and The Aged [J]. Handbook of Aging and The Social Sciences. Van Nostrand, New York, 1976: 272-285.

19. LavelyW. : Marriage and mobility under rural collectivism [J]. In Rubie S. Watson and Patricia Buckley Ebrey (Eds.) , Marriage and inequality in Chinese society, Berkeley: University of California Press, 1991: 286-312.

20. Lievens J.:Family-Forming Migration from Turkey and Morocco to Belgium: The Demand for Marriage Partners from the Countries of Origin[J]. International Migration Review, 1999: 717-744.

21. LockeC., ZhangH.X. :Missing links between migration and reproduction in Vietnam and China[J]. Develop Working Paper School of International Development

University of East Anglia. 2010（7）:344-367.

22. Mason K.O., Tsuya N. O, Choe M. K. :The Changing Family in Comparative Perspective: Asia and the United States[J]. Honolulu, Hawaii, East-West Center, 1998, 2000, 62（1）:160-164.

23. Meng X., Harry X. Wu.: Household Income Determination and Regional Income Dierential in Rural China[J]. Asian Economic Journal, 2002, 12（1）:35–63.

24. Meng X., Miller P. :Occupational Segregation and Its Impact on Gender Wage Discrimination in China's Rural Industrial Sector[J]. Oxford Economic Papers, 1995, 47（1）:136-55.

25. Min H., Eades J. S. :Brides, Bachelors and Brokers: The Marriage Market in Rural Anhui in an Era of Economic Reform[J]. Modern Asian Studies, 1995, 29(4):841-869.

26. MincerJ. :Investment in Human Capital and Personal Income Distribution[J]. The Journal of Political Economy, 1958, 66（4）:281-302.

27. Mushkin S.J. Health as an Investment[J]. Journal of Political Economy, 1962, 70（5）:129.

28. Radloff, L.S. :The CES-D Scale: A self-report Depression Scale for Research in the General Population[J]. Applied Psychological Measurement, 1977,1（3）:385-401.

29. Rank M.R. :Determinants of Conjugal Influence in Wives' Employment Decision Making [J], Journal of Marriage and the Family, 1982（3）: 591-604.

30. Richard A., Esterlin. :Does Economic Growth Improve the Human Lot? Some Empirical Evidence[J]. Nations and Households in Economic Growth, 1974:89-125.

31. Rodman H. :Marital Power in France, Greece, Yugoslavia, and the United States: A Cross-National Discussion [J], Journal of Marriage and the Family, 1967（2）: 320-324.

32. Rogers R. D. , Monsell S. D. :Costs of a Predictable Switch between Simple Cognitive Tasks[J]. Journal of Experiential Psychology: General, 1995,124(2):207-231.

33. Rowinska-Schwarzweller A., Schwarzweller C. A. : Test for the Stability of Networks[J]. Formalized Mathematics, 2013, 21（1）:47-53.

34. Safilios-Rothschild. :The Study of Family Power Structure: A Review 1960-1969 [J], Journal of Marriage and the Family, 1970（4）: 539-552.

35. Schwarzweller H.K. Parental Family Ties and Social Integration of Rural to Urban Migrants[J]. Journal of Marriage and Family,1964,26（4）:410-416.

36. Scott R.A.:Deviance, Sanctions, and Social Integration in Small-Scale Societies[J].Social Forces, 1976,54（3）:604-620.

37. Skinner G. W. :Family and Reproduction in East Asia: China, Korea, and Japan Compared [J], The Sir Edward Youde Memorial lecture, Hong Kong University, 2002（8）:367-388.

38. Smits J., Ultee W., Lammers J. :Educational Homogony in 65 Countries: An Explanation of Differences in Openness Using Country-level Explanatory Variables[J]. American Sociological Review, 1998（2）: 264-285.

39. Thornton A., Lin H. S., LinH. :Social Change and the Family in Taiwan [M], Chicago: University of Chicago Press, 1994.

40. Tichenor V. J. :Status and Income as Gendered Resources: The Case of Marital Power [J]. Journal of Marriage and the Family, 1999（3）: 638-650.

41. Tsay W. J., Ke P. H. :A Simple Approximation for Bivariate Normal Integral Basedon Error Function and its Application on Probit Model with Binary Endogenous Regressor[J]. Ieas Working Paper Academic Research, 2011.

42. Ultee W. C, Luijkx R. : Educational heterogamy and father-to-son occupational mobility in 23 industrial nations: General societal openness or compensatory strategies of reproduction?[J]. European Sociological Review, 1990, 6（2）:125-149.

43.Van Del Poel: Delineating Personal Support Network [J]. Social Forces, 1993, 15（1）:49-70.

44.WuX. G., TreimanD.J. :Inquality and Equality under Chinese Socialism: The Hukou System and Inter-generational Occupational Mobility[J]. American Journal of Sociology, 2007（113）: 415-445.

45. WuX.G., TreimanD.J.:The Household Registration System and Social Stratificationin China, 1955-1996[J]. Demography, 2004,41（2）: 363-384.

46. Xie Y.: The Log–Multiplicative Layer Effect Model for Comparing Mobility Tables[J]. American Sociological Review, 1992,57（3）:380-395.

四、外文文献著作类

1. Aldous J.: Family Careers: Developmental Change in Families, Wiley,1978.

2. Blood R. O., Wolfe D. M.: Husbands and Wives: The Dynamics of Married Living, The Free Press,1960.

3. Durkhein E.:Sucide, University of California Press,1951.

4. Goode W. J.: The Family（2nd Edition.）, Prentice--Hall,1982.

后 记

西安财经学院人口与发展研究所以“弱势群体的保护和发展”为主题，研究转型期中国人口与社会系统的复杂性，探索人口与社会可持续发展的途径和模式。近年来重点研究以中国性别失衡下农村未婚男性和农村婚姻迁移女性为代表的中国社会转型中弱势群体的保护与发展，以及生育政策调整下的政策配套衔接的热点民生问题。婚姻迁移对于农村女性来说是实现社会流动的主要渠道，农村女性的发展与其进行婚姻迁移的模式有着密不可分的关系，人口与发展研究所对农村婚姻迁移女性的发展专门成立了课题组进行研究。婚姻迁移与女性发展课题组在研究过程中经历了很多艰辛和苦痛，但这些在书稿出版之际都化为感动。

在研究的过程中，课题组得到了多方面的帮助，在此我们要向所有给予课题组关心和帮助的机构、学者和朋友们表示衷心的感谢。课题组的研究受到了国家社科基金（13BRK025）、第六次全国人口普查研究课题（N029）、“陕西省高校人文社会科学青年英才支持计划”、西安财经学院“青年英才支持计划”的支持和资助。本书的出版受到西安财经学院统计学院“一流学科”建设经费、西安财经学院学术著作出版基金的资助。

感谢西安财经学院人口与发展研究所“婚姻迁移与女性发展”

课题组全体成员的辛勤劳动，课题研究从整体设计、文献梳理、资料搜集、数据整理、报告撰写，无不浸透着他们的心血。参加本书撰写工作的主要还有课题组成员西安交通大学的博士生张艳平、段婷婷以及西安财经学院的研究生沈志龙、杨大为、王伯璐、陈瑞斌、方祎、任娟娟。作者在此向所有课题组成员表示深深的感谢！

由于作者水平有限，书中不妥之处在所难免，恳请读者批评指正。

作　者

2017 年 10 月

责任编辑：刘彦青
封面设计：姚　菲
版式设计：安宏川

图书在版编目（CIP）数据

婚姻迁移模式与农村女性发展 / 韦艳 著. — 北京：人民出版社，2017.12
ISBN 978 - 7 - 01 - 017314 - 6

I. ①婚…　II. ①韦…　III. ①农村 - 婚姻问题 - 研究 - 中国②农村 - 妇女问题 - 研究 - 中国　IV. ① D669.1 ② D669.68

中国版本图书馆 CIP 数据核字（2017）第 020260 号

婚姻迁移模式与农村女性发展

HUNYIN QIANYI MOSHI YU NONGCUN NÜXING FAZHAN

韦　艳　著

人民出版社 出版发行

（100706　北京市东城区隆福寺街 99 号）

环球东方（北京）印务有限公司印刷　新华书店经销

2017 年 12 月第 1 版　2017 年 12 月北京第 1 次印刷

开本：710 毫米 ×1000 毫米 1/16　印张：13

字数：143 千字

ISBN 978 - 7 - 01 - 017314 - 6　定价：26.00 元

邮购地址 100706　北京市东城区隆福寺街 99 号

人民东方图书销售中心　电话（010）65250042　65289539